中国银行业监督管理委员会

2015年报

中国银行业监督管理委员会宣传部　编著

中国金融出版社

责任编辑：陈　翎
责任校对：刘　明
责任印制：程　颖

图书在版编目（CIP）数据

中国银行业监督管理委员会2015年报（Zhongguo Yinhangye Jiandu Guanli Weiyuanhui 2015 Nianbao）/中国银行业监督管理委员会宣传部编著. —北京：中国金融出版社，2016.5

ISBN 978 - 7 - 5049 - 8478 - 4

Ⅰ.①中…　Ⅱ.①中…　Ⅲ.①银行监管—中国—2015—年报　Ⅳ.①F832.1-54

中国版本图书馆CIP数据核字（2016）第066414号

声明：除特别注明外，本年报数据均为法人口径数据，货币单位均为人民币。

本年报以中文版为准，英文版仅供参考。

本年报由中国银监会宣传部负责解释。

出版
发行　**中国金融出版社**

社址　北京市丰台区益泽路2号

市场开发部　（010）63266347，63805472，63439533（传真）

网 上 书 店　http://www.chinafph.com

　　　　　　（010）63286832，63365686（传真）

读者服务部　（010）66070833，62568380

邮编　100071

经销　新华书店

印刷　天津市银博印刷技术发展有限公司

尺寸　209毫米×297毫米

印张　11.5

字数　252千

版次　2016年5月第1版

印次　2016年5月第1次印刷

定价　128.00元

ISBN 978 - 7 - 5049 - 8478 - 4/F. 8038

如出现印装错误本社负责调换　联系电话（010）63263947

目录 CONTENTS

主席致辞

　　2015 年，面对复杂严峻的国际经济金融形势和国内经济下行压力，在党中央、国务院的坚强领导下，我们坚持主动适应、把握和引领经济新常态，紧紧围绕党中央、国务院关于经济金融工作的部署和重大关切想问题、谋思路、抓落实，坚定不移地将中央精神转化为一系列促进银行业深化改革和稳健发展的监管政策措施，引导银行业金融机构紧紧抓住新常态下的新机遇，积极应对新常态下的新挑战，扎实推动银行业改革发展和监管各项工作，取得了明显成效。

　　我们始终坚持银行业更好服务实体经济的根本导向，有力支持实体经济提质增效。习近平总书记强调，任何时候都不要忘记，必须把发展实体经济和培养有核心竞争力的优秀企业作为制定和实施经济政策的出发点，真正打牢我国社会主义市场经济的微观基础。我们通过实施资产证券化、不良贷款处置盘活存量贷款 1 万多亿元，并将新增和盘活的资金主要用于支持"一带一路"、京津冀协同发展、长江经济带"三大战略"的重点项目、重大工程等重点领域和小微、"三农"等薄弱环节；支持中资银行完善境外布局，大力支持中国制造、中国装备、中国企业"走出去"；积极探索逆周期监管措施，将存贷比由监管指标改为监测指标，破解银行业经营"冲时点"对实体经济造成干扰的问题；支持设立专项建设基金和铁路发展基金，缓释集中度问题对铁路等领域贷款的约束；对棚户区改造软贷款收回再贷采取差异化监管政策，调动银行业参与棚户区改造的积极性；鼓励银行业探索"一企一策"帮扶机制，避免简单不恰当地压贷、抽贷、断贷，支持长期前景良好但暂时经营困难的企业渡过难关；健全普惠金融发展总体政策框架，持续减费让利降低社会融资成本，小微企业贷款顺利实现"三个不低于"目标，有效缓解了融资难、融资贵和普惠金融发展不足问题。经过及时预调微调政策，银行业金融机构盘活存量、用好增量的能力不断增强，支持实体经济稳增长、调结构、惠民生的成效正日益凸显。

我们始终坚持在发展中平稳化解风险、在化解风险中优化发展，守住不发生系统性区域性金融风险底线。李克强总理指出，要维护金融稳健运行，有效防范和化解金融风险，引导和稳定社会预期。我们持续加强风险监测预警，坚持"透明、隔离、可控"原则探索加强交叉风险防控，有效防范跨行业、跨市场风险扩散和传染；推进存量债务依法合规置换和后续融资，批量化、市场化处置不良资产，支持银行业顶住了经济下行、企业效益下滑、资本市场下挫等多重压力；对地方政府融资平台、房地产、产能过剩等重点行业贷款风险，以及重点机构风险，坚持化解存量风险与防止新增风险并重，同时注重避免化解风险可能引发新的风险，不仅在当前风险化解方面取得了积极进展，而且在长效机制建设上也迈出了新的步伐；针对资本市场异常波动情况，及时出台相关措施，避免市场风险交互传染；修订出台流动性风险管理等制度办法，强化主动负债管理和信息披露，商业银行流动性管理能力有所提升；全面开展"两个加强、两个遏制"等专项检查，严惩违规行为，操作风险得到进一步控制；持续加强社会金融风险防范，非法集资风险排查和专项整治活动成效明显。在多方共同努力下，银行业风险总体可控，继续保持了平稳运行局面，为经济社会持续健康发展提供了重要保障。

我们始终坚持用发展的办法和改革创新的路子解决前进中的问题，推动银行业深化改革开放增添市场活力。报请党中央、国务院出台民营银行、融资担保和金融租赁等行业改革发展的指导意见；将中国农业银行"三农"金融事业部和消费金融公司试点推广至全国；积极推动政策性银行、国家开发银行和交通银行深化改革方案落地实施，邮储银行深化股份制改革取得阶段性进展，4家中小银行业金融机构在香港成功上市；修订出台外资银行管理条例实施细则，放宽外资银行经营人民币业务等条件；在广东、天津、福建自贸试验区及上海自贸试验区扩展区域推广原上海自贸试验区银行业监管政策。通过多维度、多层面的改革创新，银行业适应、把握和引领经济新常态的能力得到进一步提升。

我们始终坚持依法监管、简政放权，监管有效性持续提高。我们牢记习近平总书记关于打铁还需自身硬的告诫，着力内部挖潜，缓解监管资源不足与监管任务加重的突出矛盾，取得了积极进展。通过监管架构改革，进一步突出监管主业、优化监管流程，监管资源利用效

能不断提升；制定并公开银监会及机关各部门的权力清单、责任清单、约束清单，提升监管透明度，使权力在阳光下运行；出台银监会党委落实中央全面推进依法治国决定的指导意见，持续提升依法监管水平；修订涵盖全部银行业金融机构市场准入事项的五部行政许可规章和操作细则，持续完善非现场监管、现场检查、行政处罚监管工作制度规范；加强精准打击，不断提高现场检查的针对性、权威性和有效性。随着深化简政放权、强化放管结合的不断推进，监管有效性不断提高。

我们始终坚持用好党建工作这个法宝，充分发挥党的核心领导作用。中央强调，要把抓好党建作为最大的政绩；全面从严治党，党委领导班子负集体责任，党委主要负责人承担第一责任，领导班子其他成员承担分管领导责任。我们始终坚持把履行全面从严治党责任扛在肩上，不断增强政治意识、大局意识、核心意识、看齐意识，切实把党的政治优势转化为推动银行业改革发展和监管工作的思想优势、制度优势和组织优势。认真开展"三严三实"专题教育和"讲党性守党规严党纪"主题教育活动，着力形成积极向上、干事创业、风清气正的政治生态；全面开展信访案件大起底，保持对违纪违规案件查防高压态势，进一步把纪律和规矩挺在前面；完善领导干部选拔任用、监督管理等制度办法，严格选人用人制度。总体上看，在培养一支具有铁一般信仰、铁一般信念、铁一般纪律、铁一般担当的干部队伍方面，银监会系统取得了积极进展和明显成效。

一元复始，万象更新。2016 年是实施"十三五"规划和全面建成小康社会决胜阶段的开局之年，也是推进供给侧结构性改革的开局之年。做好银行业改革、发展和监管工作，事关我国改革发展稳定大局。我们将深入学习领会和贯彻落实中央治国理政新理念、新思想和新战略的精髓要义，继续主动适应、掌握和引领经济发展新常态，认真分析银行业面临的发展机遇和挑战，认真遵循创新、协调、绿色、开放、共享五大发展理念，认真贯彻宏观政策要稳、产业政策要准、微观政策要活、改革政策要实、社会政策要托底五大政策导向，认真落实去产能、去库存、去杠杆、降成本、补短板五大工作任务，着力整合银行资金支持供给侧结构性改革，着力降低社会融资成本优化金融服务，着力防范重点风险守住风险底线，着力加强党的建设提高队伍素质，不断开创银行业改革发展和监管事业的新局面，为促进经济平稳增长、社会健康发展贡献金融新动力！

中国银行业监督管理委员会　主席
2016 年 4 月

银监会简介

（一）目标与任务

法定目标： 促进银行业的合法、稳健运行，维护公众对银行业的信心。保护银行业公平竞争，提高银行业竞争能力。

法定任务： 负责对全国银行业金融机构及其业务活动实施监督管理。

监管目标： 通过审慎有效的监管，保护存款人和其他客户的合法权益；通过审慎有效的监管，维护公众对银行业的信心；通过宣传教育和信息披露，增进公众对现代银行业金融产品、服务的了解和相应风险的识别；努力减少银行业金融犯罪，维护金融稳定。

（二）理念与方法

宗旨： 依法监管，为民监管。

理念： 管法人、管风险、管内控、提高透明度。

方法： 遵循"准确分类—提足拨备—充分核销—做实利润—资本充足"的持续监管思路，对银行业金融机构实施以风险为本的审慎有效监管。

良好的监管标准： 促进金融稳定和金融创新共同发展；努力提升我国银行业在国际金融服务中的竞争力；各类监管设限科学、合理，有所为、有所不为，减少一切不必要的限制；鼓励公平竞争，反对无序竞争；对监管者和被监管者实施严格、明确的问责制；高效、节约地使用一切监管资源。

（三）约法三章与员工守则

银监会工作人员在履行法定职责、实施监管过程中，必须做到：

一、不得超越职权干预被监管单位授信（含贷款、担保、承兑、贴现等）、资产处置、项目投资等业务活动。

二、不得违反规定插手被监管单位人事安排、建设工程、物资采购招投标等事项。

三、不得接受被监管单位公款支付的宴请、高消费娱乐（健身）活动、旅游度假、现金、有价证券、支付凭证和其他贵重礼品等。

在严格遵守上述约法三章的同时，银监会工作人员在内部公务活动中还要做到：不准搞"公关"、不准请客送礼、不准违反规定迎送。

（四）管理层

主席　尚福林　主持银监会全面工作，兼任银监会党校校长

副主席 周慕冰

主要负责政策研究、普惠金融、国有控股大型商业银行、农村商业银行、农村合作银行、农村信用社、新型农村金融机构监管、处置非法集资（银行业安全保卫）工作，联系融资担保业协会、小贷公司协会工作

副主席 郭利根

主要负责现场检查、银行业信息科技监管、人事部（党委组织部）、机关党委、党校、系统工会、中央金融团工委（系统团委）、中国金融工会工作

副主席 王兆星

主要负责审慎规制、银行业消费者权益保护、政策性银行、外资银行监管、国际事务工作，协调国有重点金融机构监事会工作

纪检组长 杜金富

主要负责纪检监察、巡视工作

副主席 曹宇

主要负责法规、业务创新监管协作、股份制商业银行、城市商业银行监管、财务会计、机关服务（机关事务管理）、廊坊教学基地工作，分管联系中央国债登记结算公司工作

主席助理 杨家才

主要负责办公事务、信托、非银行金融机构监管、宣传工作，联系银行业协会、信托业协会、财务公司协会、农村金融杂志社工作

注：截至 2015 年底。

（五）特邀顾问

杨凯生

中国工商银行前行长

（六）首席顾问

沈联涛（Andrew Sheng）

香港证券及期货事务监察
委员会前主席

（七）国际咨询委员会

银监会国际咨询委员会经国务院批准成立，由银监会邀请国际金融业知名人士组成。主要为我国银行业长期发展战略和银行业监管等问题提供咨询。委员会定期召开会议。

国际咨询委员会外方委员名单：

沈联涛
（Andrew Sheng）

香港证券及期货事务
监察委员会前主席
现任银监会首席顾问

杰拉尔德·科里根
（Gerald Corrigan）

美国纽约联邦储备银行
前行长
现任高盛银行（美国）
董事长

霍华德·戴维斯爵士
（Sir Howard Davies）

原英国金融服务局主席
英国伦敦政治经济学院
前院长
现任英国保诚集团董事、
苏格兰皇家银行董事长

罗杰·福格森
（Roger Ferguson）

美国联邦储备委员会前副
主席、美国公开市场委员
会前委员（有表决权）、
金融稳定论坛前主席
现任美国教师退休基金会
公司总裁兼首席执行官

汤姆·德·斯旺
（Tom de Swaan）

巴塞尔银行监督管理委员会
前主席
现任苏黎世保险集团董事长

希拉·贝尔
（Sheila Bair）

美国联邦存款保险公司
前主席
现任系统风险委员会名誉
主席、华盛顿学院校长

欧智华
（Stuart Gulliver）

现任汇丰控股有限公司集团
行政总裁
兼香港上海汇丰有限公司
主席

让·克洛德·特里谢
（Jean-Claude Trichet）

法国中央银行前行长
欧洲中央银行前行长

史美伦
（Laura Cha）

香港证监会前副主席、中
国证监会前副主席
现任香港金融发展局主
席、香港行政会议成员、
汇丰香港公司非执行董事

离任委员

伊恩·麦克法兰（Ian Macfarlane）　澳大利亚联邦储备银行前行长　现任澳新银行董事

中国银行业监督管理委员会 2015 年报
CHINA BANKING REGULATORY COMMISSION 2015 ANNUAL REPORT

（八）系统内部架构

截至 2015 年底，银监会系统机构包括：银监会机关、监事会、金融工会、36 个银监局、306 个银监分局、1,730 个监管办事处，另设北戴河培训中心、沈阳培训中心、顺德培训中心、廊坊培训中心。

1. 会机关

部　　门	主要负责人
办公厅（党委办公室）	杨家才（兼）
政策研究局	刘春航
审慎规制局	肖远企
现场检查局	韩　沂
法规部	刘福寿
银行业普惠金融工作部	李均锋
银行业信息科技监管部	谢翀达
业务创新监管协作部	李文红（女）
银行业消费者权益保护局	赵江平
政策性银行监管部	周民源
国有控股大型商业银行监管部	杨丽平（女）
全国性股份制商业银行监管部	余龙武
城市商业银行监管部	凌　敢
农村中小金融机构监管部	姜丽明（女）

部　门	主要负责人
外资银行监管部	段继宁（女）
信托监督管理部	邓智毅
非银行金融机构监管部	毛宛苑（女）
处置非法集资办公室（处置非法集资部际联席会议办公室、银行业安全保卫局）	杨玉柱
财务会计部	胡永康
国际部（港澳台事务办公室）	范文仲
监察局（纪委）	陈　琼（女）
人事部（党委组织部）	肖　璞
宣传工作部（党委宣传部）	梅志翔
机关党委	介宏伟
党校	—
系统工会	张东风
中央金融团工委（系统团委）	郭　鸿
机关服务中心	田贵庚

注：截至 2015 年底。

2. 派出机构

银监局	主要负责人
北京银监局	苏保祥
天津银监局	向世文
河北银监局	李苾春
山西银监局	张安顺
内蒙古银监局	文振新
辽宁银监局	李　林
吉林银监局	高　飞
黑龙江银监局	包祖明
上海银监局	廖　岷
江苏银监局	扶明高
浙江银监局	熊　涛
安徽银监局	田建华
福建银监局	赵　杰
江西银监局	李　虎
山东银监局	陈育林
河南银监局	王泽平
湖北银监局	赖秀福
湖南银监局	李赛辉

银监局	主要负责人
广东银监局	王占峰
广西银监局	曾向阳（女）
海南银监局	陈刚明
重庆银监局	马忠富
四川银监局	王筠权
贵州银监局	郭武平
云南银监局	程　铿
西藏银监局	李明肖
陕西银监局	潘光伟
甘肃银监局	冷云竹（女）
青海银监局	秦汉锋
宁夏银监局	安　宁
新疆银监局	王俊寿
大连银监局	原　飞
宁波银监局	吉　明
厦门银监局	张新潭
青岛银监局	陈　颖（女）
深圳银监局	王晓辉

注：截至 2015 年底。

银监会系统职工摄影作品

第一部分

CBRC
Annual Report
2015

经济金融形势与银行业概况

● 经济金融形势
● 银行业概况

（一）经济金融形势

1. 国际经济金融形势

2015 年，世界经济增长 3.1%，同比下降 0.3 个百分点；国际贸易品价格大幅下挫，且实际成交量增速下降，全年商品与服务贸易增长 2.8%，同比下降 0.7 个百分点[1]。世界经济复苏活力较弱，多数经济体面临较大挑战，各国经济的平衡与再平衡呈现多样化、高频化态势；全球货币政策格局日趋复杂，美联储正式进入加息通道，主要经济体货币政策明显分化；地缘政治冲突仍在持续，不确定性因素显著增多，后金融危机时期的增长挑战愈发明显。

一是发达经济体持续温和而不均衡的复苏，通缩压力较大。2015 年，发达经济体经济增长 1.9%，同比增加 0.1 个百分点，总体通胀水平显著低于政策目标，仅为 0.3%，同比下降 1.1 个百分点[2]。美国经济复苏强于预期，2015 年经济增长 2.4%，与上年持平；CPI 增长 0.1%，低于 2014 年的 1.6%；12 月失业率为 5.0%[3]。欧元区受经济结构调整进展缓慢、公共债务压力较大和地缘政治事件冲击等因素影响，经济增长动能明显减弱，2015 年经济增长 1.6%，同比上升 0.7 个百分点[4]；CPI 增长为零，低于 2014 年的 0.4%；失业率 10.4%，就业改善不明显[5]。日本安倍经济学三大主要措施中的刺激性货币政策和财政政策边际效应持续减弱，消费税提升所导致的负面影响超出预期，2015 年经济增长 0.5%，同比上升 0.5 个百分点；CPI 增长 0.8%，低于 2014 年的 2.7%[6]。

二是新兴经济体风险因素更为复杂。主要表现为：增长势头继续放缓。2015 年新兴市场经济体增长 4.0%，同比下降 0.6 个百分点，延续了 2010 年以来的下滑态势，其中印度经济增速基本与 2014 年持平，增长 7.3%；南非经济增速为 1.3%，较 2014 年下降 0.2 个百分点；而

---

① 国际货币基金组织，《世界经济展望》，2016 年 1 月。
② 国际货币基金组织，《世界经济展望》，2016 年 1 月。
③ Wind。
④ 国际货币基金组织，《世界经济展望》，2016 年 1 月。
⑤ Wind。
⑥ Wind。

巴西、俄罗斯则出现了自金融危机以来的首次负增长，分别为 -3.8%、-3.7%[1]。货币出现较大幅度贬值。受强势美元和大宗商品价格低迷等因素影响，2015 年，印尼盾、智利比索、土耳其里拉和巴西雷亚尔都接近数年低点，年内兑美元分别贬值 9.0%、12.0%、20.0% 和 45.0%。跨境资本流动更加剧烈，资本单向流出压力加大。2015 年，全球投资者和公司从新兴市场撤出资金高达 7,350 亿美元，规模几乎是 2014 年的 7 倍[2]。

三是国际金融市场动荡加剧。主要表现为：总体需求不振。2015 年，国际原油价格平均下跌 47.2%，非燃料商品价格平均下跌 17.5%[3]。主要经济体股市涨跌互现。2015 年，美国道琼斯工业平均指数、英国金融时报 100 指数、日本东经 225 指数分别收于 17,425.03 点、6,242.32 点和 19,033.71 点，分别比年初增长 -2.2%、-4.9% 和 9.1%[4]；新兴市场亚太地区综合指数微跌 1.1%。

2. 国内经济金融形势

2015 年，我国经济在新常态下运行总体处在合理区间，缓中趋稳、稳中有进、进中有创、创中提质。在严守系统性区域性风险底线的情况下，农业生产形势较好，工业生产基本平稳，第三产业对经济增长发挥了更大的支持作用，居民收入稳定增长，消费价格总体稳定，国民经济结构调整取得积极进展。

一是经济总体保持平稳运行。初步核算，全年国内生产总值 67.7 万亿元，按可比价格计算，比上年增长 6.9%，居民消费价格指数上涨 1.4%。农业生产形势较好，粮食产量连续两年跨上 1.2 万亿斤的台阶，并实现"十二连增"。1—12 月，规模以上工业增加值同比增长 6.1%，城镇固定资产投资（不含农户）同比名义增长 10.0%，社会消费品零售总额同比名义增长 10.7%，进出口总额同比下降 7.0%。

二是经济结构调整出现积极变化。战略性新兴产业保持较快增长，移动互联网、大数据、云计算等新一代信息技术加快与传统产业跨界融合，2015 年全国服务业增长 8.3%，高出第二产业 2.3 个百分点。产能过剩行业调整积极推进，污染防治力度明显加大，主要污染物特别是氮氧化物排放量明显减少，全年单位 GDP 能耗同比下降 5.6%。

三是继续实施积极的财政政策和稳健的货币政策。2015 年，全国公共财政收入为 15.2 万亿元，同比增长 8.4%；全国公共财政支出为 17.6 万亿元，同比增长 15.8%。货币信贷增长平稳，

---

① 国际货币基金组织，《世界经济展望》，2016 年 1 月。

② 国际金融协会（IIF）。

③ 国际货币基金组织，《世界经济展望》，2016 年 1 月。

④ Wind。

12 月底，广义货币供应量（M$_2$）余额为 139.2 万亿元，同比增长 13.3%。在保持宏观政策连续性和稳定性的同时，积极创新宏观调控思路和方式，有针对性地进行预调微调，通过"营改增"扩围、加大税收优惠幅度等定向减税措施，支持服务业和小微企业发展；运用定向降准、再贷款、再贴现、调整银行存贷比考核等监管政策和发行专项金融债等手段，加大对实体经济的支持力度。

四是金融市场总体保持稳健运行。2015 年，我国股票市场主要指数总体有所上涨，但期间出现大幅震荡，成交量明显放大；债券市场发行规模扩大。截至 12 月底，上证综指收于 3,539.18 点，比年初上涨 9.4%，沪深两市上市公司为 2,827 家，总市值为 53.13 万亿元，全年合计筹资总额（包括 IPO、增发、配股）2.06 万亿元；中国债券信息网统计数据显示，2015 年共发行债券合计 16.82 万亿元，同比增长 53.13%。

专题 1　新常态下银行业的发展策略

1. 银行业新常态的特征

经济新常态，是指我国经济步入不同以往高速增长，而又相对稳定的发展状态，是与过去不同的新时期。银行业服务实体经济也正步入自身发展的新常态，银行业金融机构要充分认识银行业新常态的五大特征：

一是充分认识贷款增速回稳的趋势，加快调整发展战略。由"讲增速"向"讲转速"转变，由"讲数量"向"讲质量"转变，由"讲占比"向"讲战略"转变。

二是充分认识存贷利差收窄的趋势，积极转变盈利模式。研究向管理要效益，向定价要效益，向风控要效益，向服务要效益。

三是充分认识社会融资方式转变的趋势，大力提升创新驱动能力。要探索利用信息技术加强业务创新，加强非信贷和表外业务创新，加强负债业务创新，加强信贷业务创新。

四是充分认识不良贷款反弹的趋势，切实防范化解风险隐患。及时核销不良、积极盘活不良、争取重组不良、探索转化不良。

五是充分认识"宽进严管"的趋势，强化守法合规经营。强化合规意识，风险主体意识和责任意识。

2. 银行在新常态下的发展策略

面对新常态，银监会着力通过深化银行业改革开放，推进体制机制创新，提高监管有效性，显著提升银行业的公司治理能力、风险管理能力、金融创新能力、竞争能力和服务实体经济能力，增强银行业安全性与稳健性，努力建成适应社会主义市场经济体制、有效支持实体经济发展的现代银行业体系。

一是加快推进金融市场化改革。重点在于推进机构主体市场化、资金价格市场化和机构退出市场化，让市场在金融资源配置中起决定性作用，同时把握改革和稳定之间的平衡。

二是加快推进差异化的发展转型。通过合理的战略转型和经营模式调整，逐步形成一个多层次、广覆盖，同时也是差异化和高效率的银行机构体系。

三是不断加强制度、产品和服务创新，切

实满足经济的新需求。通过金融创新提高金融服务实体经济的效率，推动经济发展方式的转变。

四是坚守不发生系统性区域性风险的底线。银行业金融机构需强化风险主体意识，增强审慎经营和合规经营意识，构建稳健的风险偏好框架，加强行业自律机制建设，维护好规范有序的竞争环境和信用环境。

五是支持民间资本多渠道进入各类银行业金融机构。推进民营银行发展，在总结首批试点工作的基础上，按照《关于促进民营银行发展的指导意见》，完善民营银行持续监管框架；扩大消费金融公司试点范围，广泛吸收符合条件的民间资本参与；加大村镇银行的民间资本引进力度，支持民间资本参与发起设立村镇银行，提高民间资本占比；扩大民间资本参与机构重组范围。推进银行业金融机构混合所有制改革，拓宽民间资本进入银行业的渠道。

六是积极推动银行业务管理架构改革，提高银行专营化水平。深化事业部制改革，促进部门银行向流程银行转变；推进专营部门改革，实现业务合理集成，缩短经营链条，缩小管理半径；探索部分业务板块和条线子公司制改革。

七是积极推行银行监管体系改革。继续加大简政放权力度，探索建立"三张清单"。完善监管事权划分，公开审批流程，提高监管透明度。推进监管架构改革，优化监管流程和监管资源配置，实现资源向监管中心工作倾斜。强化事中事后监管，改进现场检查，探索组建现场检查专门部门，提升现场检查质量和查处问题能力。

八是夯实行业五大系统，提速金融基础设施建设。产品登记系统，重点探索信托产品、理财产品、金融租赁产品登记等系统建设；资产流转系统，推动信贷资产证券化常规化发展；流动性互助系统，满足中小金融机构的流动性调剂需求；客户风险和欺诈信息系统，实现银行客户风险信息共享；新闻信息发布系统，研究建立统一的银行业新闻信息发布平台。

（二）银行业概况

截至2015年底，我国银行业金融机构包括3家政策性银行、5家大型商业银行、12家股份制商业银行、133家城市商业银行、5家民营银行、859家农村商业银行、71家农村合作银行、1,373家农村信用社、1家邮政储蓄银行、4家金融资产管理公司、40家外资法人金融机构、1家中德住房储蓄银行、68家信托公司、224家企业集团财务公司、47家金融租赁公司、5家货币经纪公司、25家汽车金融公司、12家消费金融公司、1,311家村镇银行、14家贷款公司以及48家农村资金互助社。截至2015年底，我国银行业金融机构共有法人机构4,262家，从业人员380万人①。

① 1家信托业保障基金公司计入我国银行业金融机构法人机构总数和从业人员总数，但本年报其他统计口径未包含该机构。

1. 资产负债总量

截至 2015 年底，银行业金融机构资产总额 199.3 万亿元，比年初增加 27 万亿元，同比增长 15.7%；负债总额 184.1 万亿元，比年初增加 24.1 万亿元，同比增长 15.1%。从机构类型看，资产规模较大的依次为：大型商业银行、股份制商业银行、农村中小金融机构和城市商业银行，占银行业金融机构资产的份额分别为 39.2%、18.6%、12.9% 和 11.4%。

图 1　银行业金融机构资产负债总量（2003—2015 年）

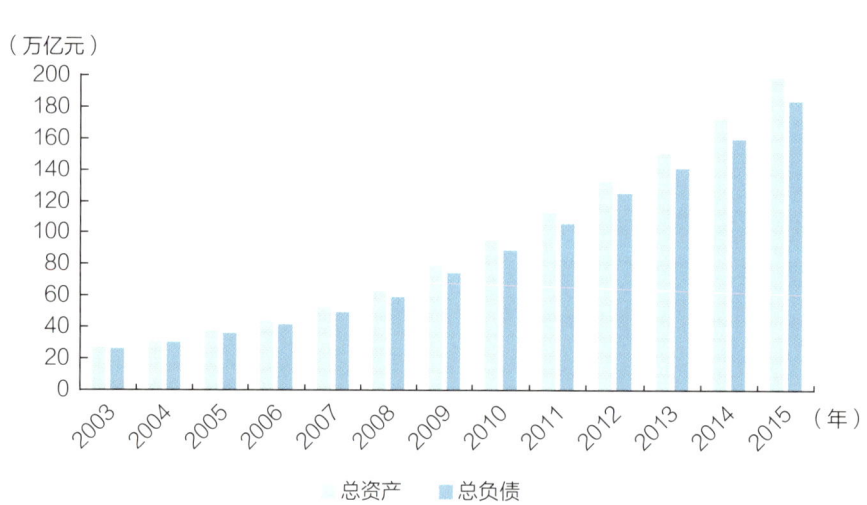

图 2　银行业金融机构市场份额（按资产）（2003—2015 年）

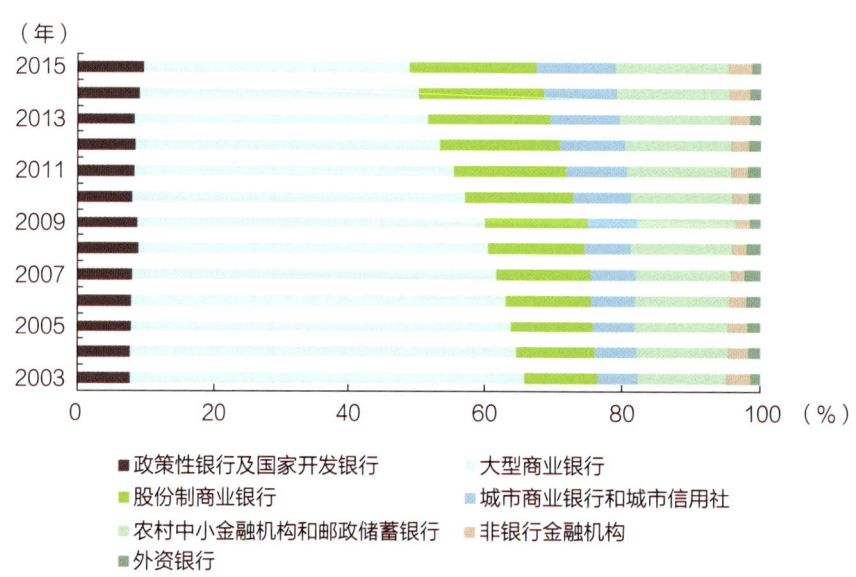

2. 存贷款情况

　　截至 2015 年底，银行业金融机构本外币各项存款余额 139.8 万亿元，比年初增加 15.3 万亿元，同比增长 12.4%。其中，储蓄存款余额 48.7 万亿元，比年初增加 2.7 万亿元。本外币各项贷款余额 99.3 万亿元，比年初增加 11.7 万亿元，同比增长 13.4%。其中，短期贷款余额 35.9 万亿元，比年初增加 2.3 万亿元；中长期贷款余额 53.8 万亿元，比年初增加 6.6 万亿元。

图 3　银行业金融机构存贷款余额及贷存比（2003—2015 年）

3. 资本充足率水平

　　自 2013 年起，我国商业银行开始正式执行《商业银行资本管理办法（试行）》。截至 2015 年底，商业银行核心一级资本充足率为 10.91%，较年初上升 0.35 个百分点；一级资本充足率为 11.31%，较年初上升 0.55 个百分点；资本充足率为 13.45%，较年初上升 0.27 个百分点。

4. 资产质量

　　截至 2015 年底，银行业金融机构不良贷款余额 1.96 万亿元，比年初增加 5,290 亿元；不良贷款率 1.94%，比年初上升 0.34 个百分点。其中，商业银行不良贷款余额 1.27 万亿元，比年初增加 4,319 亿元；不良贷款率 1.67%，比年初上升 0.43 个百分点。

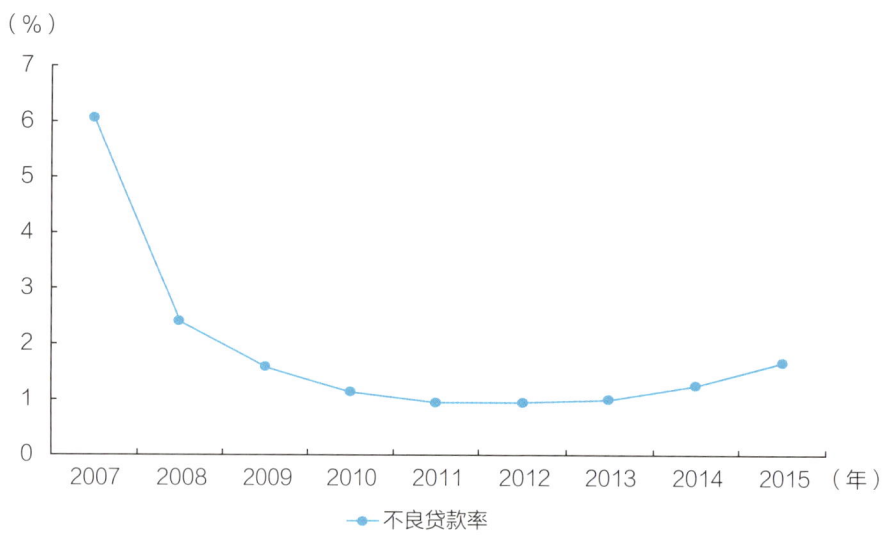

图 4 商业银行不良贷款率（2007—2015 年）

5. 风险抵补能力

截至 2015 年底，商业银行贷款损失准备金余额 2.3 万亿元，比年初增加 3,493 亿元；拨备覆盖率 181.18%，比年初下降 50.86 个百分点；贷款拨备率 3.03%，比年初上升 0.13 个百分点。

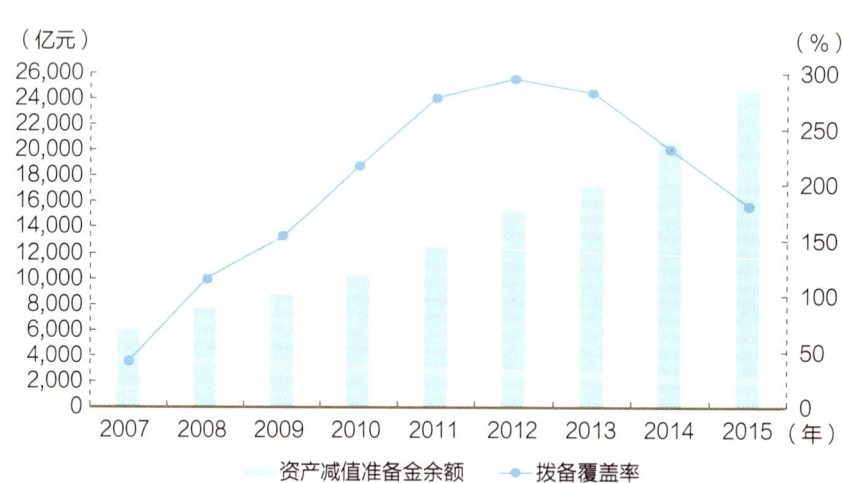

图 5 商业银行资产减值准备及拨备覆盖率（2007—2015 年）

6. 净利润

2015 年，银行业金融机构实现税后利润 2 万亿元，同比增长 2.4%；其中，商业银行实现税后利润 1.6 万亿元，同比增长 2.4%。截至 2015 年底，银行业金融机构资本利润率 14.35%，比年初下降 2.8 个百分点；资产利润率 1.06%，比年初下降 0.13 个百分点。商业银行资本利润率 14.98%，比年初下降 2.61 个百分点；资产利润率 1.1%，比年初下降 0.13 个百分点。

图 6 银行业金融机构收入结构图（2015 年）

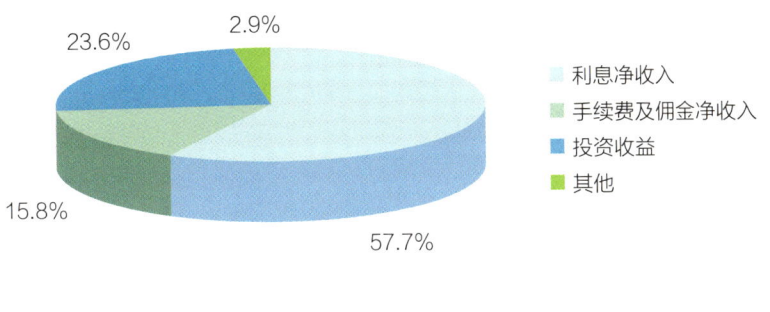

2.9%
23.6%
15.8%
57.7%

- 利息净收入
- 手续费及佣金净收入
- 投资收益
- 其他

7. 流动性

截至 2015 年底，商业银行流动性比例 48.01%，比年初上升 1.57 个百分点；人民币存贷款比例 67.24%，比年初上升 2.15 个百分比；人民币超额备付率 2.1%，比年初下降 0.55 个百分点。

图 7 商业银行流动性比例图（2015 年 1—12 月）

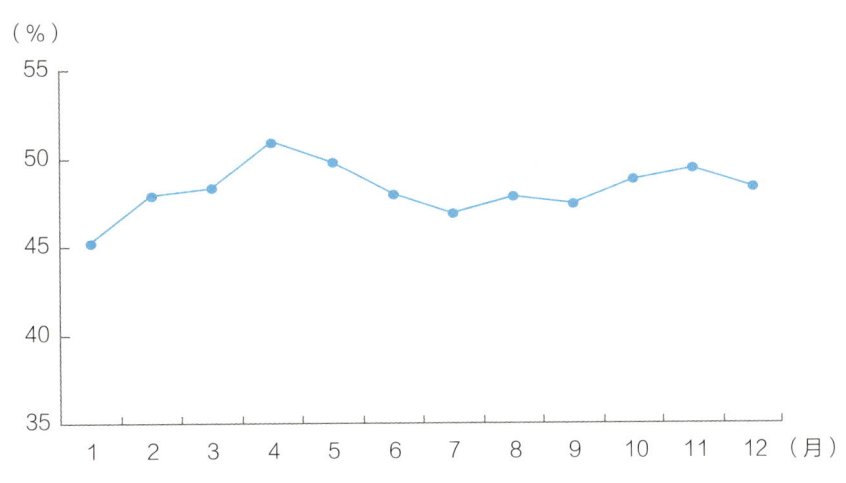

（%）

图 8 商业银行人民币存贷比情况（2015 年 1—12 月）

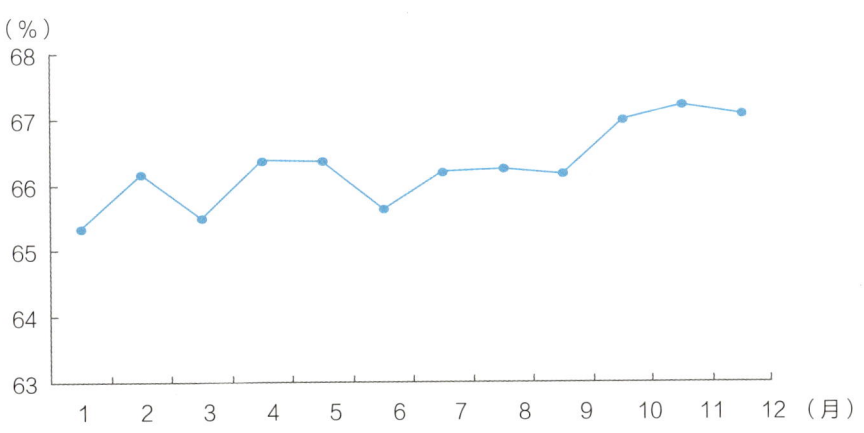

（%）

专题 2 "十二五"银行业发展回顾

"十二五"期间,在党中央、国务院的正确领导下,银监会认真履行监管职责,持续提升监管有效性,成功守住了不发生系统性、区域性金融风险的底线,有力地推动了银行业改革发展。截至 2015 年底,银行业资产、负债和所有者权益总额分别达到 199.3 万亿元、184.1 万亿元和 15.2 万亿元,整体规模稳中有升;商业银行平均资产利润率和资本利润率分别达到 1.1% 和 15.0%,成本收入比下降到 30.6%,经营质效稳步提升;商业银行不良贷款拨备覆盖率达到 181.2%,资本充足率达到 13.5%,风险抵御能力持续较强;银行业金融机构不良贷款率 1.9%,比 2010 年底下降 0.5 个百分点,信贷资产质量总体可控。

五年来,银监会不断强化审慎监管理念,推动银行业坚持服务实体经济与防范金融风险两手抓、双促进,主要在以下几个方面进行了重点攻坚:

1. 推动银行业服务实体经济取得新成效。始终督促银行业以更好地服务实体经济为基本出发点,不断创新理念、方法和业务产品,实现了服务质量和效率的稳步提升,主要体现在以下几个方面:一是国民经济重点领域贷款增长较快。截至 2015 年底,基础设施行业贷款余额 19.4 万亿元,较 2010 年底增长 53.8%;保障性安居工程贷款余额 2 万亿元,较 2011 年底增长 309.3%。民生消费领域支持力度日益加大。服务业企业各项贷款和个人贷款余额分别为 43.4 万亿元和 19.2 万亿元,分别比 2010 年底增长 88.5% 和 140.6%。二是普惠金融满足度进一步提高。我国银行业共有法人机构 4,261 家,境内营业性网点 22.4 万个,基本实现了城乡金融服务全覆盖;同时,普惠

信贷投放力度持续加大,小微企业贷款余额 23.5 万亿元,比 2011 年底增长 90.5%;涉农贷款(不含票据融资)余额 26.4 万亿元,比 2010 年底增长 124.0%。三是化解过剩产能和发展绿色信贷取得进展。银行业金融机构坚持区别对待、有保有控的原则,促进化解过剩产能和传统产业转型升级,发展绿色信贷,支持节能环保工程建设,截至 2015 年底,绿色信贷余额近 7.0 万亿元。四是降低社会融资成本取得成效。通过加强存贷款定价管理、清理收费项目、缩短融资链条、提高贷款审批和发放效率等举措,进一步降低了社会融资成本。截至 2015 年底,非金融企业及其他部门贷款加权平均利率为 5.3%,其中一般贷款加权平均利率为 5.6%、票据融资加权平均利率为 3.3%,比 2010 年底分别下降 0.9 个、0.7 个和 2.2 个百分点。

2. 督促银行业加强风险管控有了新提升。紧紧抓住体制机制改革这个核心,督促银行业不断加强风险防控长效机制建设,已初见成效。一是公司治理不断健全。商业银行公司治理和内部控制制度规则进一步健全,公司治理组织架构、激励约束机制和内部控制机制日渐完善。二是全面风险管理框架初步建立。引导银行业金融机构结合自身特点科学制定和实施风险偏好、管控策略和处置机制,全面风险管理能力明显提升。三是重点领域风险得到有效防控。银行业金融机构积极防范平台贷款违约风险,严防房地产贷款、产能过剩贷款、同业和理财业务以及表外业务风险,防止外部风险传染,目前风险总体可控。自 2014 年 4 月 6 家银行正式实施资本管理高级方法以来,银行量化风险管理能力和精细化管理水平不断提高,推动

银行发展方式转变。

3. 支持银行业深化改革开放取得新进展。高度重视发挥改革开放的源动力作用，推动银行业自身良性发展，多方面取得积极进展。一是银行业机构改革有序推进。政策性银行、大型商业银行和邮储银行机构改革全面推进；农村信用社县市统一法人改造基本完成。民间资本稳步进入银行业。截至 2015 年底，已开业 5 家民营银行、8 家民营金融租赁公司和 2 家民营消费金融公司；民间资本在城市商业银行、农村商业银行、村镇银行和信托公司等银行业金融机构中也占有较大比重。二是金融业综合经营试点效应显现。截至 2015 年底，13 家商业银行获准设立基金管理公司，11 家获准入股保险公司，31 家获准设立或入股金融租赁公司，5 家获准入股信托公司，10 家获准设立消费金融公司，6 家入股汽车金融公司，实现了一定的协同效应。三是银行业对外开放水平不断提升。截至 2015 年底，中资银行在 59 个国家和地区设立 1,298 家分支机构，外资银行在华设立 40 家外资法人机构、114 家分行和 174 家代表处，服务"走出去"战略的能力明显提升。

4. 持续提升监管能力迈上新台阶。坚持把提高监管有效性作为重中之重，始终秉持依法监管、为民监管、科学监管理念，推动监管效能不断提升。一是监管法规制度更加完善。初步形成了涵盖各类机构、业务及公司治理、风险管理、资本、拨备等方面的审慎监管法规体系。二是监管工具更加丰富。基本打造了包括不良资产率、流动性比率、拨备覆盖率等在内的监管工具箱。三是监管架构更加科学。按照监管规则制定与执行相分离、审慎监管与行为监管相分离、行政事务与监管事项相分离、现场检查与监管处罚相分离的思路，重构了监管组织体系，强化监管主业，清减和下放行政权力。四是监管重点更加突出。持续加强系统性风险分析与监测；大力推进宏观审慎监管工作；积极加强对系统重要性银行的监管；不断规范影子银行发展。五是监管协调更加有效。在统一监管标准、防止监管套利、防范系统性金融风险，以及增强货币、财政、产业和监管政策的协调性等方面取得初步成效；在支持地方发展、防范金融风险、处置非法集资等工作中，与地方政府的沟通协调也得到了广泛认可。六是监管合作更加深入。截至 2015 年底，银监会已与 63 个国家和地区的金融监管当局签署了双边监管合作谅解备忘录或合作协议；深度参与国际金融监管改革，积极参与高层级双边、多边会议；首次成功承办第 18 届国际银行监督官大会（ICBS），国际货币基金组织和世界银行在有关评估中对我国银行业监管给予了充分肯定。

总体来看，抓好"五个结合"对持续改进和加强银行业监管具有重要意义：一是坚持防风险和稳增长相结合，根据形势变化动态把握二者之间的协调平衡。二是坚持宏观审慎监管和微观审慎监管相结合，严守不发生系统性、区域性金融风险的底线。三是坚持鼓励创新和加强监管相结合，确保在严控风险的前提下，为改革和发展持续注入生机与活力。四是坚持内部控制、外部监管和行业治理相结合，在加强外部监管的基础上，强调机构的主体责任，强化行业治理的自律作用，推动三者协同配合。五是坚持国际标准和我国实际相结合，将国际最佳实践灵活运用于我国实践，做到以我为主、为我所用。

银监会系统职工摄影作品

银行业改革发展

- 改革转型
- 对外开放
- 金融创新

2015 年是全面深化改革的关键之年，银监会高度重视发挥改革开放的源动力作用，坚持方案先行、试点引领、总结经验、逐步推广的基本思路，不断激发银行业改革开放的活力，推动银行业良性发展。2015 年，银行业机构改革有序推进，民间资本进入银行业稳步发展，金融业综合经营试点效应初显，银行业对外开放水平不断提升。

（一）改革转型

1. 银行业治理机制改革

2015 年，银行业事业部制和专营部门制改革取得明显进展，产品登记、资产流转、互助保障和行业自律等配套支持机制和系统建设提速，银行业参与货币市场、信贷市场和直接融资的深度和广度显著提升。

一是事业部制和专营部门制改革成效明显。商业银行普遍建立理财事业部，逐步实现银行理财业务的稳健发展；结合自身业务特点，有序成立行业事业部和产品事业部，积极拓展客户，大力提升经营质效和专业化服务能力；设立同业业务专营部门，基本完成同业业务专营制改革，将同业业务纳入全面风险管理范畴，条线管理制度体系、内部控制机制、监督检查和责任追究制度不断完善。

二是信贷资产证券化和信贷资产登记流转试点稳步开展。推动信贷资产证券化试点备案改革，完善备案流程，备案时间大幅缩短。印发《关于银行业信贷资产流转集中登记的通知》，推进银行业信贷资产登记流转业务的规范化、阳光化发展。完善信贷资产登记机构建设，指导中央结算公司筹建上海分公司，及时跟进上海自贸试验区债券市场服务。

三是风险信息共享工作有序推进。加强集团授信、多头授信、过度授信、企业财务报表跨行差异、担保圈等风险信息共享，提升风险的识别预警水平。开发全国银行业反欺诈信息管理系统，整合银行业金融机构涉嫌欺诈信息，实现相关信息在银行业金融机构间共享。

四是行业协会引领下的行业自律能力不断提升。行业协会充分发挥沟通协调和自律管理的作用。成立中国小额贷款公司协会和金融租赁行业自律组织；中国财务公司协会制定《企业集团财务公司行业评级办法》；中国银行业协会汽车金融专业委员会研究制定汽车金融公司行业评级指引。

专栏 1　信托业保障基金

信托业保障基金是由信托业市场参与者共同筹集，用于化解和处置信托业风险的非政府性行

业互助资金。该基金由信托公司或融资者等市场参与者认购，基金权益归信托公司或融资者等市

场参与者享有，其根本目标在于建立市场化风险处置机制，保护信托当事人合法权益，有效防范信托业风险，促进信托业持续健康发展。

信托业保障基金具备以下鲜明特征：行业互助性，不依赖国家财政和中央银行出资，以行业自身的力量化解行业风险。采取事前预防为主与事后救助为辅相结合的设计理念，以最小成本化解信托业风险。提振市场信心与风险化解处置相结合，维护信托业平稳发展。以市场化原则化解处置风险，有效降低道德风险。

经银监会批准，中国信托业协会联合13家经营稳健的信托公司自愿共同出资，成立了中国信托业保障基金有限责任公司。该公司以管理保障基金为主要职责，以化解和处置信托业风险为主要任务和目标。

专栏2 银行业信贷资产登记流转中心有限公司

银行业信贷资产登记流转中心有限公司（以下简称"银登中心"）旨在为信贷资产及银行业其他金融资产提供统一的登记机制和流转平台，促进信贷资产流转业务统一、规范、高效、有序发展。2015年，银登中心积极参与信贷资产登记流转制度建设，规范工作流程，稳步开展登记流转业务。大力推进登记系统和流转平台的功能优化，实现客户端远程登记功能，增加协议转让功能，优化挂牌转让功能，创造市场成员挂牌转让资产、寻找交易对手的有利条件。积极做好宣传培训、市场开拓等工作，更好地服务市场主体、盘活存量。截至2015年底，银登中心开户总数达281户，登记金额累计393亿元，流转金额累计382亿元。

专栏3 银监会探索建立信托产品统一登记制度

2015年，银监会积极与财政部、人民银行、证监会等部委沟通协商，充分论证、反复修改中国信托登记公司组建方案。2016年初，经国务院同意，批准筹建中国信托登记公司。

中国信托登记公司组建工作将于2016年内正式启动，力争年内正式挂牌运行。银监会研究制定中国信托登记公司监督管理规则，确保该公司诞生之初就有法可依、依规运行；建立信托产品统一登记制度，开发信托产品登记平台；探索建立统一、规范的信托产品流通市场，拓宽产品发行和销售渠道，规范信息披露，构建常态化的价格发现与风险揭示机制。

中国信托登记公司的设立，将有利于加强金融服务平台建设、保障行业稳健发展、厘清市场责任、强化市场纪律、动态跟踪行业运行，对加快形成统一有效的信托市场、推进信托公司改革转型、增强服务实体经济能力和加强监管等具有重要意义。

专栏4 小额贷款公司协会成立

2015年1月，中国小额贷款公司协会（以下简称"中贷协"）成立，其业务主管部门为银监会，并接受人民银行的业务指导。中贷协按照"自律、维权、服务、协调"的职能定位，动态发布行业重要信息；围绕行业内关注度较高的监管立法、融资渠道、财税政策、信息系统等方面积极开展工作；研究探索适合我国小额贷款公司的可持续发展之路。截至 2015 年底，中贷协会员单位已达到 224 个，包括全国绝大部分省级小额贷款公司行业自律组织。

2. 机构改革

（1）政策性银行及国家开发银行

银监会主席尚福林赴青海调研普惠金融发展情况

2015 年，政策性银行及国家开发银行职能定位进一步明确，服务实体经济和国家战略的作用显著增强。国家开发银行完善公司治理机制，有效发挥董事会战略决策作用，加强监事会履职尽责监督职能，完善内审体系；建立国际业务准事业部制管理架构，稳步推进子公司改革。中国进出口银行大力强化政策性职能定位，研究提出资本约束下业务经营规划建议和运行机制的具体工作方案，设计完成全面风险管理体系建设方案，初步确定内部组织架构和流程优化方案，系统推进现代治理机制建设，形成市场化的人力资源管理体系。中国农业发展银行落实改革政策，稳步推进内部改革，进一步明确履职重点、现代化建设目标和实施路径，形成总体发展战略。

（2）大型商业银行

2015 年，大型商业银行持续健全公司治理，强化履职能力建设，完善绩效考评机制。稳步推进事业部制和专营部门事业部制等改革工作，发挥集团化和专业化优势，试点设立银行系养老金管理公司。加快系统建设，开展压力测试工作，推动资本管理高级方法的实施运用，提高全面风险管理能力和风险处置能力。交通银行积极探索具有中国特色的大型商业银行公司治理机制，深化内部经营机制改革，推进经营模式转型与创新。

（3）中小型商业银行

2015 年，中小型商业银行加快战略转型和创新发展，拓展综合经营，应对利率市场化、金融脱媒、互联网金融等多重挑战，提升市场竞争力。服务重大工程建设，参与国家和区域战略；

积极服务小微、"三农",改善薄弱环节金融服务;大力发展科技金融,支持大众创业万众创新。积极拥抱互联网,创新多元化服务渠道;开展特色业务创新,走差异化发展道路。探索抱团发展模式,建立行业互助机制。加强资本管理,拓展资本补充渠道,增强可持续发展能力。青岛银行、锦州银行、郑州银行成功在香港上市,齐鲁银行顺利实现新三板挂牌。

◎ 山东银监局推进辖内城市商业银行加强全面风险管理体系建设

2015 年,山东银监局推动由山东省城市商业银行合作联盟牵头、9 家城市商业银行参与的全面风险管理暨新资本管理办法联合实施项目,从基础层面提升风险管理能力。一是建立完善全面风险管理体系框架。按照新资本管理办法要求和先进同业实践经验,辖内城市商业银行修订完善政策制度 400余项,调整明确风险管理职责 200 余项,初步建立了全面风险管理框架体系。二是全面推进风险管理系统建设。积极开展风险管理优化项目和信息系统建设,增强风险管理的规范化和信息化水平。各行已建成各类风险管理系统 49 个。三是风险量化管理能力得到增强。5 家银行启动了风险量化管理项目。其中,齐鲁银行风险量化管理项目已基本覆盖该行面临的主要信用风险,风险量化数据已广泛应用于授信准入、授权和额度管理、绩效考核、贷款定价、资产分类等各个方面。

◎ 招商银行向"轻型银行"转型

招商银行积极实施"一体两翼"战略,进一步对客户体验、产品设计、风控流程及组织架构等进行系统化优化调整,凸显特色,实行"轻型银行"战略转型。2015 年,招商银行成本收入比降至历史新低;非利息收入占比超过 30%,非资本占用型非利息收入明显提高;风险加权资产占比持续下降,资本内生能力基本形成。同时,资产结构、客户结构、获客渠道持续优化,轻资产、轻平台、轻运营建设成效初显。

(4)农村中小金融机构

2015 年,农村信用社改制组建农村商业银行稳妥推进,全年新组建农村商业银行 241 家,总数达到 966 家,占农村合作金融机构总数的 43%,资产占比达到 64%,安徽、湖北、江苏 3省全面完成改制。村镇银行稳步发展,截至 2015 年底,全国共组建村镇银行 1,377 家,比年初增加了 144 家,其中 62.3% 设在中西部地区,海南、江苏等省份实现了县域全覆盖。省联社区域审计中心改制工作不断深入,全年新组建区域审计中心 21 家,区域审计中心总数达 91 家,8 个省份全部撤销地市办事处。农村商业银行以标杆银行为引领,优化业务治理体系,改进人才队伍建设,可持续经营和金融服务能力不断提升。江苏、广东地区开展区域内行业互助机制试点,农村中小金融机构流动性互助机制建设取得积极进展。

◎ 海南银监局推动辖内村镇银行实现县域全覆盖

海南银监局积极引进民间资本参与组建村镇银行，大力推进辖内村镇银行发展，不断丰富农村金融业态，完善农村金融服务体系，实现了村镇银行县域全覆盖，进一步支持"三农"及小微企业发展。截至 2015 年底，海南银监局辖内村镇银行各项贷款余额 23.25 亿元，其中农户及小微企业贷款占比86.3％。

◎ 全国首家村镇银行登陆新三板

2015 年 8 月 12 日，昆山鹿城村镇银行股份有限公司在全国中小企业股份转让系统成功挂牌，成为全国首家登陆新三板的村镇银行，开创了村镇银行进入资本市场的先河。该行于 2009 年 12 月由南京银行主发起，联合昆山市 3 家企业股东及 6 位自然人股东共同投资组建。该行自成立以来，各项业务平稳快速增长，经营效益稳步提升，资产规模连续多年位列江苏省村镇银行第一位。

（5）邮政储蓄银行

2015 年，邮政储蓄银行股份制改革取得阶段性进展，成功引入瑞银集团、中国人寿等 10 家境内外战略投资者，股权结构得到优化、公司治理机制得到完善、风险管控能力得到提升，为下一步向现代商业银行转型打下良好基础。提升"银邮"双方合作交流水平，强化对代理营业机构的业务指导。坚持零售商业银行发展方向，积极培育差异化竞争优势。充分发挥网点规模大、覆盖面广的特点，积极向"三农"、城乡居民和小微企业提供优质的金融服务。

◎ 邮政储蓄银行引进战略投资者，进一步提升公司治理水平

2015 年 12 月，邮政储蓄银行在综合考虑战略协同、交易价格、财务实力、品牌影响力等因素的基础上，引进 10 家战略投资者，包括 6 家国际知名金融机构：瑞银集团、摩根大通、星展银行、加拿大养老基金投资公司、淡马锡、国际金融公司；2 家大型国有企业：中国人寿、中国电信；2 家互联网企业：蚂蚁金服、腾讯公司。此次战略引资采取新股发行方式，引进的战略投资者数量多、类型广、合作领域宽，共募集资金 451 亿元，发行比例 16.92％，是中国金融企业单次规模最大、近 5 年来总体规模最大的股权融资。

（6）金融资产管理公司

2015 年，金融资产管理公司持续推进商业化改革转型，不断完善集团组织架构和金融功能，不断提高综合经营能力，逐步形成核心竞争力和持续盈利能力。积极开展金融类和非金融类不良资产收购业务，采取债务重组、债转股、债务清收等方式处置不良资产，充分发挥其在维护金融

稳定、化解金融风险、支持经济结构调整中的重要作用。中国华融资产管理股份有限公司在香港H股成功上市。中国长城资产管理公司、中国东方资产管理公司改制方案获得国务院批准。

◎ 中国华融在香港联合交易所主板上市

2015 年 10 月 30 日，中国华融资产管理股份有限公司成功在香港联合交易所主板挂牌上市，筹资196.97 亿港元，此举标志着中国华融圆满完成"改制—引战—上市"，成功登陆国际资本市场，在向市场化、多元化、综合化、国际化转型发展进程中掀开了新的重要一页，同时也标志着金融资产管理公司在建立现代金融企业制度和实施战略性转型进程中取得了又一重大成果。

（7）信托公司

2015 年，信托公司立足"受人之托、代人理财"的功能定位，不断拓展资产管理和财富管理业务维度，持续为投资者提供多元化的财产增值途径。加强经营管理，积极保护信托当事人合法权益。中国信托登记公司筹建和信托产品登记平台建设取得明显进展。中国信托业保障基金落地实施，初步发挥行业"压舱石"和"稳定器"的作用。

◎ 中国信托业保障基金公司完成三期保障基金筹集工作

2015 年，中国信托业保障基金公司完善保障基金认购、清算、收益分配及财务管理相关工作制度，明确基金筹集管理的操作性要求；建立持续沟通联系、定期分析、及时研判问题、重大事项报告反馈等工作机制；规范基金认购的业务范围和数据口径，研究统计核对的技术细节，逐步理顺基金筹集工作体系。截至 2015 年底，中国信托业保障基金公司完成三期保障基金筹集工作，68 家信托公司合计认购保障基金 262.14 亿元，其中：按净资产余额的 1% 认购 31.62 亿元；按新发行资金信托的 1% 认购230.47 亿元；按新成立财产信托实收报酬的 5% 认购 0.05 亿元。

（8）金融租赁公司

2015 年，国务院办公厅印发《关于促进金融租赁行业健康发展的指导意见》（国办发〔2015〕69 号），首次从国家战略层面对金融租赁行业发展进行顶层设计。金融租赁公司紧紧抓住经济结构调整和转型升级的战略机遇，优化公司治理和激励约束机制，加快经营模式转型创新，稳步提高核心竞争力，持续改善经营发展的质量效益，积极服务实体经济发展。探索专业化发展道路，组建专业子公司进行专业化运营管理。截至 2015 年底，金融租赁公司资产总额 1.63万亿元，其中租赁资产 1.50 万亿元，占比超过 90%；中小微企业租赁业务余额 5,424.78 亿元，较年初增长 38.25%，主要投向工程机械、印刷、医疗等领域。

◎ 天津银监局持续引领金融租赁行业发挥聚集效应

2015 年，天津银监局持续加强金融租赁新机构引入和辅导工作，强化与地方政府及税务、司法等相关主管部门的沟通协作；批准华运金融租赁公司开业，实现首家民营资本发起和首家装备制造企业发起两项突破；批准天津银行筹建金融租赁公司，为辖内法人银行多元化布局提供有力支持；稳步推进中航工业、中国铁建、中煤科工设立金融租赁公司申请工作。截至 2015 年底，天津银监局辖内金融租赁公司 7 家，资产规模 4,846 亿元，约占全国金融租赁行业资产规模的 30%，实现净利润 50.36 亿元，天津地区金融租赁行业聚集效应进一步显现。

（9）企业集团财务公司

2015 年，企业集团财务公司在有效防范风险的前提下加大产品和服务创新力度，发挥财务公司作为集团资金归集平台、集团资金结算平台、集团资金监控平台、集团融资营运平台和集团金融服务平台的功能作用。积极完善业务发展规划，支持超过 6 万家企业成员单位提质、降本、增效，促进企业集团转型发展和竞争力的提升，全年累计为企业集团节约资金成本超过 700 亿元。

（10）汽车金融公司

2015 年，汽车金融公司继续强化公司治理能力建设，加大产品和服务创新，进一步发挥促进汽车生产和销售、满足居民购车和升级换代需求等方面的功能作用，实现业务稳健发展。优化新能源汽车的信贷管理和贷款评审流程，积极提供新能源汽车购车贷款，支持新能源汽车产业发展。2015 年，汽车金融公司累计发放经销商批发贷款 6,210.25 亿元，对应车辆超 365 万台；累计发放零售贷款 2,572.87 亿元，对应车辆近 293 万台；累计发放新能源汽车贷款 21.21 亿元，同比增长 94.94%，对应车辆 11,592 台。

（11）消费金融公司

2015 年，消费金融公司稳步发展。经国务院批准，消费金融公司试点推广至全国，鼓励具有消费金融资源的多种所有制主体发起设立消费金融公司。消费金融公司充分发挥差异化金融服务优势，创新金融产品，将业务拓展至三四线城市，重点满足消费者在耐用消费品、旅游、文化教育等多方面的信贷需求，提高了消费信贷产品的普惠性和可获得性。2015 年，消费金融公司累计服务客户超过 710 万人，累计发放贷款 598.71 亿元。其中，5 万元以下的 989 万笔，占全部贷款的 94.05%；5,000 元以下的 571 万笔，占比 54.35%。

（12）货币经纪公司

2015 年，货币经纪公司业务量和佣金收入继续保持上升势头，盈利能力不断增强，系统和服务持续改进，为提高金融市场交易效率和透明度发挥积极作用。2015 年，5 家货币经纪公司累计撮合完成人民币经纪业务 120.64 万亿元，外汇经纪业务 7.10 万亿美元。

专题 3　民间资本进入银行业

银监会始终坚持公平竞争、同等待遇的原则，有序推进民间资本投资入股银行业金融机构。在法规政策中，从未对民间资本入股银行业金融机构设置额外限制或者条件。2015年，民间资本进入银行业的步伐明显加快，主要表现为进入的渠道增多、机构增加、资本增大、比例增长，民间资本进入银行业已基本实现常态化。

民间资本进入银行业金融机构主要有 4 种模式：一是由民营企业自主发起设立中小型银行业金融机构，自担剩余风险；二是由民间资本与主发起银行共同设立村镇银行，主发起行牵头组织村镇银行风险处置；三是民间资本参与现有银行业金融机构的重组改制，作为战略投资者进入，帮助化解存量金融风险；四是民间资本向银行业金融机构投资入股，通过增资扩股、受让股权、二级市场增持等方式，共同分享银行业改革发展成果。民间资本进入银行业的渠道和机构类型已全部放开。

截至 2015 年底，已有 100 余家中小商业银行的民间资本占比超过 50%，约占同类机构总数的 70%。其中，城市商业银行民间资本占比已达 53%。全国农村合作金融机构民间资本占比接近 90%，村镇银行民间资本占比超过 72%。

1. 民营银行步入改革发展机遇期

出台促进民营银行发展的指导意见，制定民营银行准入政策和操作细则，奠定民营银行常态化发展制度基础。组织开展民营银行行政许可辅导培训，激发民营银行常态化发展协同效应。按照"成熟一家、设立一家"的原则，持续推进各地民营银行设立工作，积极鼓励符合条件的民营企业依法发起设立民营银行。

坚持全程监管、创新监管、协同监管，按照风险防控和创新发展并重的监管思路，引导民营银行建立风险防范长效机制，着力防范关联交易风险和风险外溢，确保民营银行总体风险可控；积极研究支持民营银行实现差异化发展的相关政策，引导民营银行实现与其他商业银行的互补发展和错位竞争。与地方政府就民营银行信息共享、风险处置等加强沟通协调，明确各方责任，强化制度约束。

2. 推动民间资本进入农村中小金融机构

继续支持和鼓励民间资本通过参与发起、重组改制和定向增发等方式投资入股农村中小金融机构，民间资本投资总额不断增加。截至 2015 年底，民间资本持有农村合作金融机构股权 6,847.7 亿元，比年初增加 871.9 亿元；民间资本持有村镇银行股权 724.7 亿元，比年初增加 80.9 亿元。

民间资本进入农村中小金融机构，加快了农村信用社产权制度改革步伐，2015 年新组建农村商业银行 241 家，年度组建数量创历史新高；丰富了农村金融机构类型，促进普惠金融发展；增强了公司治理有效性，构建起多元化、本土化和民营化的股权结构；发挥了当地民营资本的信息、资源优势，有助于破解小微企业融资难题，更好地支持农村经济社会发展。

3. 引导民间资本进入非银行金融机构

继续引导规范民间资本进入非银行金融机构。支持符合国家产业政策、核心主业突出、具有较强行业竞争力、具备一定资金集中管理经验的民营企业集团设立财务公司，支持具有消费金融资源的民营企业设立消费金融公司，支持符合条件的民营发起人设立金融租赁公司和汽车金融公司。目前，已开业的民营控股

非银行金融机构已达 62 家，包括信托公司 12 家、财务公司 34 家、金融租赁公司 8 家、汽车金融公司 6 家、消费金融公司 2 家。其中，

2015 年新开业 16 家，包括财务公司 7 家、金融租赁公司 4 家、汽车金融公司 4 家、消费金融公司 1 家。

专栏 5 首批试点 5 家民营银行

首批试点 5 家民营银行全部开业，总体运行平稳，公司治理机制和内部控制水平不断提升，各项业务逐步开展，服务实体经济的效能逐渐显现。截至 2015 年底，5 家民营银行资产总额 794.32 亿元，各项贷款余额 236.04 亿元；负债总额 650.90 亿元，各项存款余额 199.43 亿元。

1. 天津金城银行

天津金城银行致力于特色化、差异化经营，坚持以"公存公贷"为主的业务模式，以"做价值银行创造者、做细分市场领先者"为战略愿景，大力服务供应链上的中小企业客户。建立"三会一层"的组织架构，初步形成较为健全的公司治理体系。各项业务平稳起步，系统建设持续推进，全面风险管理水平稳步提升。截至 2015 年底，该行资产总额 157.23 亿元，负债总额 127.52 亿元，所有者权益 29.71 亿元，资产质量良好，无不良贷款。

2. 上海华瑞银行

上海华瑞银行大力推进改革创新，明确战略定位，积极服务小微大众、科技创新、自贸区改革，打造面向互联网的资产管理型银行。充分利用自贸试验区内法人银行优势，加快自由贸易（FT）账户服务体系建设，强化跨境金融专业能力建设。积极运用信息新技术，切实满足企业融资需求。截至 2015 年底，该行资产总额 208.08 亿元，各项贷款余额 70.23 亿元；负债总额 178.12 亿元，各项存款余额 97.33 亿元；无不良贷款。开业首

年基本实现收支平衡。

3. 浙江网商银行

浙江网商银行积极利用互联网技术、数据与渠道创新，有效对接实体经济融资需求，重点面向小微客户及农村市场推动"小贷"业务发展。探索线上运营模式，形成了系统批量化、低成本的流水线式信贷审批放款模式，为线上客户提供"310"金融服务体验（即 3 分钟申贷、1 秒钟到账、0 人工干预）。针对种养殖户与农村小微经营者试点推出小额信用贷款产品"旺农贷"，有效惠及农村客户。截至 2015 年底，该行资产总额 301.99 亿元，负债总额 262.61 亿元，所有者权益 39.38 亿元，不良贷款余额 0.13 亿元，不良贷款率 0.18%。

4. 温州民商银行

温州民商银行立足本地市场，坚定服务小微企业的市场定位。着力推进"一带一群、一带一圈、一带一链"批量营销模式，推出"旺商贷""商人贷""益商贷""信惠贷"等特色金融产品。积极树立"客户不费时""费用不收取""审批不等待"的良好品牌形象。确立"家庭稳固、经营稳定、投资稳健"的客户准入标准，采用"问人品、问流量、问用途"的信贷调查模式，强化信贷业务管理。截至 2015 年底，该行资产总额 30.82 亿元，各项贷款余额 8.08 亿元；负债总额 10.71 亿元，各项存款余额 10.33 亿元；无不良贷款。2015 年实现净利润 0.1 亿元。

5. 深圳前海微众银行

深圳前海微众银行立足"普惠金融为目标，个存小贷为特色，数据科技为抓手，同业合作为依托"的战略定位，服务于工薪阶层、自由职业者、进城务工人员以及小微企业和创业企业。搭建国内首家"去IOE"化自主可控的科技平台，开创资金、客户、产品等资源共享的同业合作模式。推出多款惠及普罗大众和小微企业的互联网金融产品，形成零售信贷类"微粒贷"、代销理财类"微众银行APP"和嵌入生活服务场景的平台金融三大产品主线。截至2015年底，该行总资产96.21亿元，贷款余额38.62亿元，已开通业务客户近400万人，不良贷款率0.12%。

媒体视角 1　民营银行受理全面开闸
Media Reports

国务院办公厅日前转发银监会《关于促进民营银行发展的指导意见》（以下简称"《指导意见》"），从准入条件、许可程序、稳健发展、加强监管等方面，对进一步推动民间资本依法发起设立中小型银行等金融机构作出部署，标志着民营银行受理全面开闸，民间资本进入银行业的渠道和机构类型已全部开放。

银监会主席尚福林6月26日在国务院新闻

银监会主席尚福林出席国务院新闻发布会，介绍民间资本进入银行业情况和首批民营银行试点成效，解读下一步促进民营银行发展政策措施

办举行的新闻发布会上，介绍了鼓励民间资本进入银行业等方面情况。

民营银行申设审批时限缩短2个月

《指导意见》在加强监管前提下，积极推动具备条件的民间资本依法发起设立中小型银行等金融机构，提高审批效率，激发民营经济活力。从即日起，银监会就会正式依法对合格的民间资本发起设立民营银行的申请进行受理。

尚福林强调，未来民营银行的设立要坚持服务中小微企业、"三农"、社区和大众创业万众创新，在此基础上，要符合四大准入条件：资本为自有民营资金；资本所有者具有良好个人声望，奉公守法，诚信敬业，没有关联交易的组织构造和不良记录；银行设计了良好的股权结构和公司治理结构、风控体系、信息科技架构、合理可行的市场定位等；有承担剩余风险的制度安排、有办好银行资质条件和抗风险能力、恢复和处置计划等机制。

据介绍，为了提高民营银行申设审批效率，缩短审批时间，银监会建立了限时审批制度，对于依法受理的申请，自受理之日起 4 个月内作出批准或不批准的决定，比现有法定 6 个月的批筹时限缩减 2 个月。同时下放审批权限，将设立民营银行筹建申请的受理权和民营银行开业审批权下放到各省市自治区银监局。

银行股东要承担风险责任

尚福林强调，银行作为经营货币、管理风险的特殊企业，最大和最根本的要求就是防止风险外溢，避免经营风险损害存款人和纳税人利益。

"按照风险与收益相匹配的市场铁律，银行赚钱之后由股东获利，存款人不可能再分享；在银行经营出现问题的时候，自然也就不能由存款人吃亏认赔，股东应有责任分担风险。"尚福林说。

《指导意见》将"有承担剩余风险的制度安排"作为民间资本发起设立民营银行的原则之一，即银行要订立"生前遗嘱"，也就是银行必须事前明确，出现危机之后，先由股东自我救助，努力恢复正常经营；如果全面恢复正常经营无望，应该通过业务模块分拆等方式，确保其主要服务功能得以持续。

"这一制度安排的核心要求就在于，银行股东要在银行从生到死的全过程，承担风险责任。"尚福林说，民营银行作为新设银行机构，在出生之际就应主动做好剩余风险的承担安排，以确保经营失败后不殃及无辜，避免被动，这样也是民营银行进行市场增信，提高市场竞争力的需要，大大增加了市场对民营银行的信心。

据介绍，目前首批试点 5 家银行已全部开业，总体运行平稳。"试点民营银行具有以下几个特点：有专致办银行的良好动机，立足长远发展和稳健经营；有差异化的市场定位和业务特色；有较为完善的公司治理和风险管理机制；有较强的风险承担能力；发起人股东都是境内纯民营企业；有先进的现代科技支持和全新的经营模式。"尚福林说。

民间资本进入银行业的渠道和机构类型已全部开放

尚福林介绍说，目前有四种民间资本进入银行业模式，包括由民营企业自主发起设立中小型银行业金融机构、由民间资本与主发起银行共同设立村镇银行、民间资本参与现有银行业金融机构的重组改制，以及民间资本向银行业金融机构投资入股。

"可以说，民间资本进入银行业的渠道和机构类型已全部开放，广大民间资本可以根据自己的投资意愿、风险偏好和承受能力自主选择。"尚福林说，"未来鼓励民间资本发起设立银行，对于进一步健全我国银行体系、增强银行业服务实体经济的能力具有重要意义。"

尚福林分析说，首先，从企业结构看，大中型企业融资渠道较为充分，而小微企业融资难融资贵问题有待逐步通过金融改革予以解决，发展民营银行，是希望利用其来自民间、熟悉民企、贴近民众的天然特点，能够补充银行服务小微企业的不足，进而逐步提升金融服务实体经济的能力。其次，从银行结构看，大中型银行发展较为充分，而小型银行相对不足，发展小型银行有利于进一步增强我国银行体系的活力。最后，从产品结构看，民营银行在传统的银行经营领域中没有任何优势，一开始就必须寻求差异化、特色化发展，打造出具有鲜明自身特色的金融产品，才能在市场中争得一席之地，有望在竞争中推动我国银行转型谋变、创新发展，为实体经济提供质量更高、效益更强的金融服务。

(来源：《人民日报》，时间：2015 年 6 月 27 日，记者：欧阳洁，选编)

（二）对外开放

1. 中资银行业金融机构海外发展

2015 年，中资银行业金融机构不断加大自身"走出去"和支持企业"走出去"的步伐。完善机构布局，构建全球化服务网络。通过银团贷款、境外发行债券等多种方式，为"走出去"重点客户提供资金支持。积极提供境外投资贷款、承包工程贷款、贸易融资、财务咨询等一揽子金融服务。

银监会副主席周慕冰出席陆家嘴论坛

加大人民币跨境结算步伐，提供全球化不间断的资金交易服务。截至 2015 年底，共有 22 家中资银行在 59 个国家和地区设立 1,298 家分支机构，其中一级机构 213 家。

◎ 广西银监局惠民为先深化沿边金融综合改革

广西银监局推动辖内沿边 6 市金融服务同城化，惠及人口超过 2,000 万人，银行业每年减费让利额超过 2 亿元，金融服务同城化工作走在全国前列。持续完善沿边地区网点布局，2015 年，沿边金融改革试验区新设立和升格网点机构 173 家，较上年增加 65 家。鼓励金融业务创新，支持银行业开展境外贷款业务，积极打造"广西—东盟跨境人民币汇划高速公路"，跨境资金汇划成本大幅降低 80%，广西跨境人民币结算量排名持续居边境省份首位。

◎ 中信银行成为大陆首家赴台投资股份制商业银行

2015 年 6 月 8 日，中信银行与台湾中国信托金融控股股份有限公司（以下简称"中信金控"）在北京签署股权合作协议。中信银行成为首家赴台投资的股份制商业银行，也是大陆金融机构首次赴台

参股金融控股公司。中信银行作为中信金控的策略投资人，将与中信金控在联合发行信用卡、零售客户互惠支持和服务、跨境人民币及贸易融资、跨境融资及银团贷款、债券承销及征信等领域开展广泛合作，实现两岸银行业务的互惠发展。

2. 外资银行业金融机构在华发展

截至 2015 年底，15 个国家和地区的银行在华设立了 37 家外商独资银行（下设分行 306 家）、2 家合资银行（下设分行 4 家）和 1 家外商独资财务公司；26 个国家和地区的 69 家外国银行在华设立了 114 家分行。46 个国家和地区的 153 家银行在华设立了 174 家代表处。38 家外资法人银行、86 家外国银行分行获准经营人民币业务；31 家外资法人银行、31 家外国银行分行获准从事金融衍生产品交易业务；6 家外资法人银行获准发行人民币金融债；4 家外资法人银行获准开办信用卡发卡业务、1 家外资法人银行开办信用卡收单业务。外资银行在我国 27 个省份的 69 个城市设立营业机构，形成具有一定覆盖面和市场深度的总行、分行、支行服务网络，营业网点达 1,044 家。其中，约 17% 的机构网点位于东北和中西部地区。

表 1　在华外资银行业金融机构情况（截至 2015 年底）

单位：家

机构／类型	外国银行	独资银行	合资银行	财务公司	合计
法人机构总行	—	37	2	1	40
法人机构分行	—	306	4	—	310
外国银行分行	114	—	—	—	114
支行	23	542	15	—	580
总计	137	885	21	1	1,044

截至 2015 年底，在华外资银行资产总额 2.68 万亿元，同比下降 3.94%；负债总额 2.33 万亿元，同比下降 6.17%。其中各项贷款余额 1.13 万亿元，同比下降 4.62%；各项存款余额 1.44 万亿元，同比下降 7.10%。金融衍生品业务规模 9.42 万亿元，同比上升 16.47%。2015 年实现净利润 152.98 亿元，不良贷款率 1.15%，流动性比例 69.53%。

表 2　在华外资银行营业机构资产情况（2010—2015 年）

单位：亿元，%

项目／年份	2010 年	2011 年	2012 年	2013 年	2014 年	2015 年
资产	17,423	21,535	23,804	25,577	27,921	26,820
占银行业金融机构总资产比	1.85	1.93	1.82	1.73	1.62	1.38

修订印发《外资银行管理条例实施细则》，在加强有效监管前提下，为外资银行设立营运提供更加宽松便利的政策环境。制定外资银行省内分行支持政策，支持外资银行在省（区）内二三线城市的发展需要。印发《关于外资银行在银行间债券市场投资和交易企业债券有关事项的通知》，允许外资银行参与银行间债券市场企业债券的投资和交易。首次批准外资银行发行二级资本工具，为外资银行加强资本管理、增强抗风险能力提供新的渠道和工具。鼓励外资银行充分利用全球网络、跨境服务经验等优势，为中资企业"走出去"、外资企业"走进来"、人民币国际化、自贸试验区、"一带一路"战略实施等提供专业化金融支持。

继续支持港澳台银行稳健发展。一是按照内地在广东与港澳基本实现服务贸易自由化协议的总体安排，探索"准入前国民待遇加负面清单"模式，在广东省为港澳银行创造更加便利的发展环境。二是在风险可控的前提下，支持台资银行合理的机构和业务发展需求。2015 年，批准筹建1 家台资法人银行、14 家台资银行分支机构。截至 2015 年底，共有 14 家台资银行在大陆设立59 家营业性机构及 3 家代表处，8 家营业性机构正在筹建。

专栏 6　大型商业银行国际化及支持企业"走出去"

随着国家"走出去"战略的推进实施，越来越多的中国企业"走出去"，方式愈加多样化，金融需求日益多元化。大型商业银行围绕中资企业金融需求，加速海外机构布局和国际化进程，开展国际金融同业合作交流，创新金融产品和服务，支持中资企业"走出去"。截至 2015 年底，大型商业银行在境外 57 个国家和地区设有一级机构（含代表处）171 家，比 2003 年增加 105 家。其中，在"一带一路"沿线 23 个国家设有一级机构 51 家。

海外并购是大型商业银行加快境外布局的重要方式。截至 2015 年底，大型商业银行境外总资产约 1.5 万亿美元，比 2003 年增长约 7.5 倍；资本金和营运资金约 360 亿美元，比 2003 年增长约 3.1 倍；净利润约 104 亿美元，约为 2003 年的 3.3 倍。大型商业银行积极为客户提供量身定制的金融产品，有力支持中资企业在海外基础设施建设、优势产能输出、能源资源合作等领域的发展。

◎内蒙古银监局积极推动落实"向北开放"政策

出台《银行业支持内蒙古向北开放指导意见》，推动银行业积极服务国家战略，支持内蒙古自治区构建"丝绸之路经济带"新支点。积极引导银行业支持满洲里、二连浩特重点开发开放试验区等口岸建设。推动银行业金融机构"走出去"，向外延伸金融服务。2015 年，包商银行在蒙古国设立办事处；国家开发银行内蒙古分行金融服务延伸至土耳其、蒙古国、缅甸等丝路沿线国家；内蒙古银行、包商银行、哈尔滨银行与俄罗斯联邦储蓄银行签订首笔中俄同业银团拆借协议，金额达 10 亿元；中国银行内蒙古

分行、内蒙古银行分别与蒙古国有关银行签署《图格里克现钞直接调运合作备忘录》、《战略合作备忘录》等合作协议；中国农业银行内蒙古分行对蒙古国跨境人民币业务中心正式运行。

◎ 中国工商银行稳步推进国际化发展

2015 年，中国工商银行持续完善全球服务网络尤其是"一带一路"沿线的网络布局，进一步加强对中资企业"走出去"和"一带一路"建设的金融支持。截至 2015 年底，中国工商银行境外服务网络已覆盖 42 个国家和地区，是全球网络覆盖最广的中资金融机构；通过参股南非标准银行将金融服务间接延伸至非洲 20 个国家，形成了横跨亚、非、拉、欧、美、澳的服务网络，全球化服务能力显著提升。

（三）金融创新

2015 年，银监会持续引导银行业金融机构坚持"有利于提升服务实体经济的效率、有利于降低金融风险、有利于保护投资者和债权人的合法权益"的"三个有利于"原则，把金融创新与提升实体经济发展的质量和效益紧密结合，在依法合规、风险可控的前提下，结合自身特点，稳妥开展金融产品和业务模式创新，支持有合理融资需求的企业发展。

银行业金融机构广泛开展金融创新，促使"互联网＋金融"向纵深发展。一是探索机制改革创新。推动机构治理集约化、扁平化、流程化，完善业务模式、风控模型、服务手段，形成流程更加清晰、服务更加完善、风险更加可控的良性经营模式。二是推进业务经营方式创新。巩固网上银行、电话银行、手机银行、网上商城等远程服务功能，利用"互联网＋金融"业务模式，打造集支付、结算、融资、理财等全方位服务为一体的远程开放服务平台，推动电子银行业务深入发展。三是加强科技创新。强化科技型人才队伍建设，探索向科技驱动业务发展方式转变，将大数据、云计算、物联网、数据挖掘等互联网技术融入金融服务和经营管理。四是广泛开展合作创新。在技术支持、数据分析、业务推广、产品服务等方面，与互联网企业、投资银行、基金公司等机构深入开展合作，引导客户参与消费、信贷、投资等活动，逐步将银行的金融服务融入各个领域。五是强化产品创新。利用信息技术进一步探索加强信贷业务、非信贷、表外业务及负债业务创新，打造差异化金融服务产品。

◎ "工行在哪儿"？中国工商银行多措并举，让服务拥抱"智能"

2015 年，中国工商银行积极推广智能化服务模式，致力于为广大客户提供更为个性化、多元化、便捷化的金融服务。如，中国工商银行北京市分行对辖内 150 家网点进行了智能化改造，大幅提升网点服务效率。推出"工行在哪儿"手机 APP，为客户提供街景导航、预约取号等服务，有效缓解客户排队压力。在业内首创"一站式"缴税服务模式，极大地提高了客户缴税的便利程度。

◎ 广发银行打造 24×7 不间断服务"金融便利店"

广发银行不断完善"以客户为中心"的立体化智慧金融服务体系，利用远程视讯柜台（VTM）设备为社区居民打造 24×7 不间断服务的"金融便利店"，客户只需手持二代身份证，银行客服人员即可远程视频为客户提供一对一的专业服务，打通普惠金融的"最后一公里"。截至 2015 年底，广发银行 VTM 已经突破 136 台，遍布全国 52 个城市，把专业高效的综合金融服务送到社区居民身边。

◎ 哈尔滨银行积极探索"互联网＋农村金融"服务模式

一是建设助农 e 站填补服务空白。通过助农 e 站，为农户办理小额取款、转账汇款、消费缴费等业务，截至 2015 年底，该行累计建成助农 e 站近 1,700 家。二是利用手机银行完善农村移动金融服务。通过手机银行直接实现贷款申请和随还随贷，该业务已成功受理贷款申请 300 余笔，办理还贷 120 余笔。三是与品牌电商开展农村渠道合作。与京东商城签订战略协议，以助农 e 站作为京东渠道推广的服务站，实现了"农村消费贷款授信—京东货到付款—助农 e 站存款"的资金闭合循环服务体系。

◎ 包商银行有氧金融打造"互联网上的商业银行"

包商银行 2015 年 8 月 28 日上线了以"无卡、无网点、无现金交易"为特色的数字银行平台——有氧金融，主动适应数字经济、共享经济的"互联网＋金融"新趋势。采用独立事业部制运作模式，围绕实体经济中"衣食住行育娱医寿"八类生活场景，应用大数据分析、移动互联等新技术，结合传统银行业在风险控制和流程管理上的实践经验，延伸渠道、创新产品、优化体验，为"新经济"中的小微企业和以"数字原住民"为代表的个人消费者提供"氧气账户""氧气宝"等支付结算、储蓄理财、供应链融资、小额消费信贷等安全、便捷的综合金融服务。

专栏 7　大型商业银行利用互联网金融助力实体经济

2015 年，大型商业银行抓住"互联网 +"历史机遇，利用大数据、云计算、移动互联等新一代信息技术，开设直销银行、网上商城，稳步推进服务创新、流程创新和风控系统升级，在缓解企业融资难、融资贵问题，丰富金融服务产品，提升金融服务覆盖面等方面取得初步成效。

一是顺应新要素融合趋势，加强顶层设计。立足客户、业务、数据、管理等基础方面的优势，借鉴运用互联网思维与信息技术，构建线上、线下一体化运营模式，着力探索利用互联网金融服务实体经济的新业态。

二是依托多维信息实现精准授信，缓解融资难问题。基于商品流、资金流和信息流"三流合一"的多维度闭环数据信息，分析客户行为和经营状况，评定客户信用等级和风险定价，降低金融服务门槛，减轻押品依赖。

三是开发新模型实现精准定价，缓解融资贵问题。利用互联网技术，建立标准化全流程信贷审批模型，将审批条件、企业数据、资金流特征、历史违约概率等要素嵌入模型进行对比分析，计算企业风险成本，合理匡算风险定价，有效降低发放贷款的实际利率水平。

四是利用新技术实现精准管理，提高融资效率。探索运用客户身份远程识别技术、业务全流程自动化处理技术，逐步实现远程身份精准验证，小额授信远程办理。

五是研发新产品精准助力小微企业和"三农"发展，践行普惠金融。探索利用互联网技术的信息优势，以降低信息不对称性为着眼点，创新金融产品，拓展服务覆盖面，加大对小微企业、"三农"等薄弱领域的支持力度。

六是搭建平台实现全面精准服务，改进客户体验。通过搭建互联网金融综合服务平台，丰富线上业务品种，提供一站式、一揽子服务，探索开展用户行为分析，实现精准推送，提升服务质量。

专栏 8　银监会进一步推进信贷资产证券化

2015 年，银监会进一步推进信贷资产证券化业务创新，不断提高市场运行效率，积极盘活银行业信贷存量，支持实体经济稳增长、调结构。

一是坚持简政放权，着力提高发行效率。积极落实备案制改革，将信贷资产证券化业务由原审批制改为业务资格审批和产品备案相结合的方式，下放信贷资产证券化业务资格审批权限，提高产品发行效率。发起机构在银监会及其派出机构履行相应手续的平均时间大幅缩短，由原审批制下的平均 40 个工作日减少至平均 8 个工作日。

二是明确政策导向，有效支持实体经济。鼓励银行业金融机构优先选择以符合国家产业政策的信贷资产为基础资产，兼顾收益性和导向性，释放信贷资产重点向小微企业、"三农"、铁路建设、棚户区改造、中西部地区建设、重点行业领域改革等方面倾斜。

三是注重风险防范，稳步探索市场创新。探索不良资产证券化，拓展商业银行不良资产处置渠道，试点循环池结构信贷资产证券化，探索解决基础资产和资产支持证券之间期限错配问题。研究自贸试验区信贷资产证券化，尝试扩大信贷资产支持证券投资者范围。

四是树立示范效应，发挥政策性金融作用。鼓励政策性银行通过资产支持证券化方式盘活存量信贷资产，探索推进国家开发银行试点棚户区改造贷款资产证券化，优化信贷结构，减轻资本金约束压力，提高资金效率。

截至 2015 年底，已有 61 家银行业金融机构在银行间市场发行 104 只信贷资产支持证券，规模合计 3,987 亿元，同比增长 41％。其中，棚户区改造贷款支持证券 100 亿元、汽车贷款支持证券 319 亿元、个人住房抵押贷款支持证券 260 亿元。

◎ 交通银行发行国内首单信用卡分期资产支持证券

2015 年 11 月，交通银行在银行间市场成功发行国内首单信用卡资产证券化项目，发行规模 50.22 亿元。该资产证券化项目是个人信用卡分期资产通过注册制在银行间市场发行的破冰之作，标志着国内信用卡民生消费类资产正式纳入资产证券化业务范围，商业银行民生消费领域的金融服务和支持能力进一步提升。截至 2015 年底，该资产证券化项目已累计兑付资产支持证券本金 23.09 亿元，兑付比例达到 46％，累计向投资人支付利息 0.19 亿元，累计违约率控制在 0.57％。

银监会系统职工摄影作品

银行业服务实体经济

- 普惠金融
- 重点领域金融服务
- 绿色信贷
- 区域协调发展

2015 年，银监会引导银行业金融机构牢牢把握经济新常态下的发展新机遇，按照市场化原则配置金融资源，着力盘活存量、用好增量，合理安排信贷投向、优化信贷结构、提高信贷资金使用效率，不断提升服务实体经济水平，有效支持了实体经济稳增长、调结构。

（一）普惠金融

近年来，银监会推动健全普惠金融发展总体政策框架，加强对薄弱领域金融服务的配套政策支持。2015 年 12 月，国务院印发《关于印发推进普惠金融发展规划（2016—2020 年）的通知》（国发〔2015〕74 号），确立推进普惠金融的指导思想、基本原则和发展目标，在普惠金融服务机构、产品、基础设施建设、法律法规和教育宣传等方面提出政策措施，对推进普惠金融实施、加强组织协调、开展示范工程试点等方面做出相关安排。发展普惠金融，目的是提升金融服务的覆盖面、可得性和满意度，不断满足人民群众日益增长的金融需求，特别是让小微企业、农民、城镇低收入人群、贫困人群等及时获取价格合理、便捷安全的金融服务。

1. 小微企业金融服务

（1）强化政策引领作用。印发《关于 2015 年小微企业金融服务工作的指导意见》，将2015 年工作目标由以往单纯侧重贷款增速和增量的"两个不低于"调整为"三个不低于"，即在有效提高贷款增量的基础上，小微企业贷款增速不低于各项贷款平均增速，小微企业贷款户数不低于上年同期户数，小微企业申贷获得率不低于上年同期水平，从增速、户数、申贷获得率三个维度更加全面地考察小微企业贷款增长情况。要求商业银行单列全年小微企业信贷计划，并在执行过程中不得挤占、挪用，确保对小微企业的信贷支持力度。印发《关于进一步落实小微企业金融服务监管政策的通知》，在改进贷款还款方式、明确不良贷款容忍度要求、做实尽职免责办法等方面进一步深化监管政策创新。同时，继续加大督导检查力度，组织各级派出机构和银行业金融机构开展小微企业金融服务专项督查工作，确保政策落地执行。

（2）强化标杆示范作用。召开 2015 年全国小微企业金融服务评优表彰暨工作推动（电视电话）会议，对小微企业金融服务先进集体和个人予以表彰。在全国范围内组织开展主题为"普助小微　惠及民生"的第四届小微企业金融服务宣传月活动，通过会场展览、银企对话、媒体专刊等形式宣传小微企业金融服务的良好做法和优秀经验。

（3）强化创新驱动作用。指导银行业金融机构通过设立小微企业特色支行、采集编制小微企业运行指数、运用互联网技术等手段，创新小微企业服务模式。引导大型商业银行树立"大银行也能做好小生意"的理念，持续完善专营的组织体系、专门的制度机制、专属的产品服务、专业的人才队伍，成为小微企业金融服务的主力军；推动中小商业银行明确战略定位，打造服务小微企业的特色品牌；积极发挥金融租赁公司和财务公司的特色优势，探索厂商租赁、联合租赁等小微企业租赁业务模式，进一步扩大延伸产业链金融服务试点范围，有效降低小微企业融资成本。

截至 2015 年底，全国小微企业贷款余额 23.5 万亿元，占各项贷款余额的 23.9%。小微企业贷款同比增速比各项贷款平均增速高 0.4 个百分点；小微企业贷款余额户数 1,322.6 万户，同比增加 178.0 万户；小微企业申贷获得率 92.8%，同比上升 2.1 个百分点，实现了"三个不低于"目标。

◎青岛银监局推动辖内银行业开发"银港通"系统，致力解决小微外贸企业融资难题

针对贸易融资中存在的重复质押、虚假仓单等突出问题，青岛银监局率先推动辖内银行业开发"银港通"大宗商品贸易融资信息系统。该系统集成信息查询、在线办理、自动控货、风险提醒等功能，实现港口内部生产系统与银行融资系统直连，搭建安全高效的智能监测体系，打消银行顾虑，助力缓解银行"惧贷"心理；实现银、港、企三方信息在线实时交互，银行港口业务办理时间由 5 天缩短至 1 天，审贷放款效率大幅提升。

◎营口银行支持中小企业品牌经济发展

营口银行积极支持中小企业品牌经济发展，针对中小企业搭建品牌信息、技术、服务等多方共享资源平台，发起成立"中国中小企业品牌俱乐部"，在俱乐部内发行"中国中小企业品牌俱乐部尚卡"，与俱乐部成员企业签署优惠商户协议，帮助企业销售产品，提升品牌价值。对持品尚卡的个人客户消费品牌产品给予优惠，同时赋予品尚卡网上购物打折、爱心捐赠等功能，使品牌价值得到进一步提升。截至 2015 年底，营口银行累计为 286 户俱乐部成员企业发放贷款 49.89 亿元，推动企业实现产值 103 亿元，比年初增长 20 亿元，增长率 19%。

专栏 9 "银税互动"助力小微企业健康发展

2015 年 7 月，银监会联合国家税务总局印发《关于开展"银税互动"助力小微企业发展活动的通知》，在全国范围内开展"银税互动"活动，在各级银监部门、税务机关与银行业金融机构之间建立银税合作机制，将小微企业纳税信用评价结果与银行业金融机构有效共享、充分使用，一定程度上突破了信息壁垒，破解了担保困局，缓解了融资难问题。

中国银行业监督管理委员会 2015 年报
CHINA BANKING REGULATORY COMMISSION 2015 ANNUAL REPORT

一是破解抵押品不足问题,提高信贷可得性。"银税互动"将纳税信用与企业融资有机结合,为诚信企业"增信",小微企业凭借良好的纳税信用获得银行贷款,使纳税信用转变为小微企业的信用资产。

二是破解信息不对称问题,提高银行经营效率。各银行业金融机构充分利用小微企业纳税信用评价结果,积极主动上门对接新客户,准确挖掘新的贷款需求,快速审核客户资信,有效防控金融风险,实现精确制导、精准放贷。

三是创新小微企业金融产品,提升银行服务水平。各银行业金融机构根据纳税信用评级结果、纳税金额、连续纳税年限等纳税信息,契合小微企业经营特点,开发了专门针对小微企业的"税易贷""银税通""税贷通"等信贷产品,有效满足了小微企业的需求。

四是促进社会信用体系建设,维护金融生态环境。"银税互动"通过正向激励,在建立信用信息交换、协作,特别是强化信用结果应用和激励方面做出了创新示范,让众多守信小微企业从诚实信用中受益,有力地维护了诚实信用的金融生态环境。

◎ 广发银行研发"税融通",助力小微企业成长

广发银行创新推出小微企业"税融通"专项融资方案,通过联合税务机关,将企业纳税信用评级以及税款缴纳情况作为评价企业的主要依据,对诚信纳税小微企业客户量身定制专项融资服务方案。该产品优先支持纳税评级 A/B 级以上优质小微企业客户,可结合房地产抵押、担保公司担保、设备抵质押、知识产权 / 应收账款质押、风险补偿金、信贷保证保险、信用等多种方式灵活给予授信,额度最高 3,000 万元,可满足客户多元化金融服务需求。通过以税定贷、以贷增税的方式,营造社会诚信纳税的信用文化氛围,推动企业规范经营及转型升级,促进地方经济发展及税收增长。截至 2015 年底,广发银行已与广州、北京、南京、江门等地税务部门开展合作,批复"税融通"专项方案 5 个,总额度 7 亿元。

◎ 湖北银监局实施"金融服务网格化"战略

湖北银监局推动银行与地方综治办合作,通过划分网格实现普惠金融的精确定位和精准发力,以"信息覆盖、精准定位、高效服务、责任到人"为核心,实现金融服务"城乡全覆盖、区域全覆盖、服务无差异"的工作目标。湖北银监局计划用三年时间搭建"责任网格化、建档标准化、产品多样化、服务精细化"的金融服务网格体系,按照"三步走"规划,2015 年为启动探索年,2016 年为复制推广年,2017 年为巩固提升年,要求每年网格覆盖率增长 30% 以上,逐年提高县域存贷比 1—2 个百分点。截至 2015 年底,湖北省已建立"普惠金融网格化工作站"1.06 万个,发放贷款 402.3 亿元,惠及小微企业 2.76 万户,申贷获得率达 91.7%,同比增加近 3 个百分点,小微企业融资难融资贵问题得到了有效缓解。

专题 4　银监会支持降低企业融资成本

近年来，银监会多措并举，着力缓解企业融资成本高问题，推动银行业金融机构通过主动为实体经济让利，巩固和拓宽自身发展基础，实现共赢互利。

一是大力清理整顿不合理金融服务收费，减轻企业负担。持续开展清理不合理收费的专项检查和督查。2015 年，将银行业服务收费纳入"两个加强、两个遏制"现场检查范围，并再次全面组织对银行业服务收费项目进行梳理、自查、督查和检查。规范和降低银行业服务收费取得明显效果，21 家主要银行业金融机构收费项目大幅减少，非金融企业及其他部门加权平均利率总体下降了 1.07 个百分点。

二是持续完善薄弱领域金融服务政策。2015 年，进一步改良小微企业金融服务考核体系，从尽职免责、内部考核、监管激励约束等方面完善和落实差异化监管政策，联合国家税务总局建立"银税合作"机制，创新小微企业流动资金贷款服务模式，推进涉农银行业金融机构改革，不断提升小微企业和"三农"等薄弱环节金融服务水平。

三是增加竞争性金融供给。坚持以"增量改革"与"存量改造"双线推动民间资本进入银行业，持续推动民营银行常态化发展工作有序进行，依法审核，成熟一家，设立一家，不设数量指标限制。鼓励民营银行着力开展存款、贷款、汇款等基本业务，进一步扩大市场参与主体，激活市场竞争。

四是推进银行同业和理财业务治理改革，抑制银行业筹资成本不合理上升。推进商业银行负债质量管理政策研究制定工作，支持商业银行创新融资渠道，提升负债结构的多元化程度，拓宽负债来源。建立存款波动情况统计监测机制，对存在存款偏离度较高、违规吸存等问题的银行，采取监管纠正处罚措施。实施同业业务新规执行情况专项检查，改进同业业务内外部管理。推动银行业金融机构开展理财业务事业部制改革，持续推进"理财直接融资工具"和"银行理财管理计划"创新试点工作。

五是有效释放信贷空间。将存贷比指标由法定监管指标调整为流动性风险监测指标。推动信贷资产证券化发行从审批制向备案制改革，不断扩大发起机构和基础资产范围。完善信贷资产流转业务制度办法，积极推进由银行业信贷资产登记流转中心开展的信贷资产转让业务。

六是完善融资担保政策。推动出台《关于促进融资担保行业加快发展的意见》（国发〔2015〕43 号），配合做好《融资担保公司管理条例》立法审查和征求意见相关工作，加快政府主导的融资担保机构和再担保机构建设，协调地方财政等部门加强对融资性担保机构的政策扶持力度，扩大融资性担保机构对小微企业和"三农"融资的增信作用。

截至 2015 年底，非金融企业及其他部门贷款加权平均利率为 5.27%，同比下降 1.51 个百分点。其中，票据融资加权平均利率为 3.33%，同比下降 2.34 个百分点。企业融资难、融资贵问题得到了较大程度的缓解。

2. 农村金融服务

印发《关于做好 2015 年农村金融服务工作的通知》，指导银行业金融机构切实强化支农服务意识，深入推进体制机制改革，不断丰富农村金融服务主体，持续提升服务"三农"能力，大力支持农业现代化建设，提高涉农贷款服务效率和质量，确保农业信贷总量持续增加、涉农贷款比例不降低。

银监会副主席郭利根出席全国"送金融知识下乡"工作推进会

（1）深入推进涉农银行业金融机构体制机制改革，强化"三农"服务能力建设。深化中国农业银行"三农"金融事业部改革试点，试点范围覆盖全部县域支行。明确中国农业发展银行政策性业务的范围，强化政策性功能定位。督促国家开发银行创新服务"三农"融资模式，进一步加大对农业农村建设的中长期信贷投放。深化农村信用社改革，更好地发挥支农服务主力军作用。引导邮政储蓄银行稳步发展小额涉农贷款业务，逐步扩大涉农业务范围。支持其他商业银行下沉机构网点，优化农村地区网点布局，适度扩大农村地区网点覆盖面。

（2）丰富农村金融服务主体，提升农村金融竞争充分性。稳步培育发展村镇银行，重点布局老少边穷地区、农业主产区和小微企业聚集地区。支持组建以促进农业现代化为市场定位、主要服务"三农"的金融租赁公司。引导信托公司通过多元化金融服务支持农村实体经济发展。鼓励和引导汽车金融公司、消费金融公司支持农村地区汽车、家电、教育等领域的消费信贷发展。协调规范发展小额贷款公司、融资性担保机构和再担保机构，引导发挥支农服务作用。

（3）大力发展农村普惠金融，全面提升农村金融服务质效。继续推动农村基础金融服务全覆盖工作，逐步实现乡镇金融机构网点全覆盖。在具备条件的行政村，扎实推进基础金融服务"村村通"。截至 2015 年底，基础金融服务已覆盖 56 万个行政村，覆盖率 95%。支持返乡农民工、农村青年、农村妇女、大学生村官、科技特派员到农村就业创业。改进残障人士等农村特殊群体金融服务。以集中连片特困地区为重点加大信贷投放力度，推动扶贫小额信贷健康发展。

（4）加大建设现代农业的金融支持，促进农业发展方式加快转变。强化对粮食主产省和主产县的金融支持，不断增强粮食生产能力。支持立足各地资源优势，大力培育特色农业，深入推进农业结构调整。加强对企业开展农业科技研发的金融扶持，促进农业科技创新。完善支持农业对外合作金融政策，积极支持优势农产品出口和农产品贸易。加大对发展特色种养业、农产品加工业、农村服务业、乡村旅游休闲的信贷投入，推进农村产业融合发展。

（5）推动业务产品创新，加快建立健全符合"三农"需求特点的金融产品体系，提高农村金融服务满意度。在经批准的地区，引导银行业金融机构参与农村土地承包经营权抵押贷款试点，慎重稳妥地开展农民住房财产权抵押试点，不断扩大林权抵押贷款规模。

截至 2015 年底，银行业金融机构涉农贷款余额 26.4 万亿元，比年初增加 2.9 万亿元，同比增长 11.7%。

◎青海银监局探索"双基联动"合作贷款模式

青海银监局将打通基层党组织服务群众"最后一公里"与打通农牧区金融服务"最后一公里"统筹考虑、双题并答，探索出了依托基层党组织发展农村金融服务的"双基联动"合作贷款模式。其运行机制为"五双"：一是"双挂"。基层银行业金融机构选派信贷员到基层党组织兼职，由基层银行业金融机构向农牧户和城镇居民发放贷款；基层党组织选派干部到基层银行业金融机构兼职，全程参与贷前调查及贷后管理，对信贷员进行监督，随时通报重大信息。二是"双签"。双方签订协议书，明确各自责任义务，共同为农牧民、社区居民办实事。三是"双办"。双方在当地村委共同设立"双基联动"合作贷款办公室，定时、定点、定人服务，与农牧民进行零距离接触，无缝对接。四是"双评"。双方共同开展建档、授信和评级工作，推进信用体系建设。五是"双控"。双方按照协议，通过组织或参与信贷管理活动，共同控制信贷风险。截至 2015 年底，开展"双基联动"合作贷款的银行业机构已增至 123 个，建立村级"双基联动"信贷工作室 555 个，惠及 408 个行政村（社区）的 15 万群众，先后开发出近 20 种创新性信贷产品，发放贷款 9.28 亿元，农户办理贷款时间平均缩短 20 个工作日，工作成效显著。

◎西藏银监局推动辖内普惠金融纵深发展

督促在藏银行业金融机构全面落实普惠金融发展要求，切实提高金融可获得性，积极推动服务创新，改进服务手段，通过自助设备、电话银行、网上银行、手机银行和微信银行等方式不断延伸服务，辖内各行电子渠道金融性交易量占比达 80% 以上。积极开展产品创新，推出一卡通、一网通、委托代理、咨询评估、投资理财等多类别多收益的金融产品。通过流动服务和现代工具相结合的形式在农牧区构建了"物理网点＋电子机具＋三农金融服务点＋流动金融服务"四位一体的全方位服务体系。截至 2015 年底，设立金融服务点 3,771 个，较年初新增 1,299 个，覆盖 99.56% 的乡（镇）和 57.87% 的行政村，基层基础金融服务水平得到显著提升。

◎ 浙江银监局扎实推动农村地区微贷技术运用增量扩面

印发《关于在农村地区推广运用微贷技术的通知》，要求坚定微贷战略定位，鼓励农村中小金融机构自主研发或引进微贷技术，成立微贷事业部或准事业部，促进微贷和传统农贷的吸收融合，开发微贷客户管理系统，逐步增加客户评分、利率定价、贷后预警等模块，推广应用移动终端，提高前台营销和中后台管理集约化。截至 2015 年底，浙江辖内运用微贷技术的农村金融机构达 31 家，累计发放微贷 17 余万笔、金额 185 亿元。

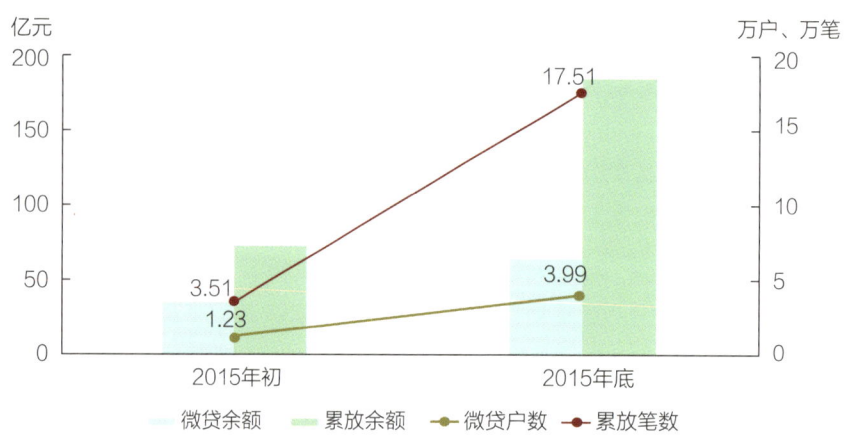

2015 年浙江农村中小金融机构微贷业务发展趋势图

◎ 北京银监局推动农村集体经营性建设用地入市改革试点

2015 年，北京银监局印发《关于创新开展农村集体经营性建设用地入市试点融资的意见》，引导辖内银行业金融机构积极采用农村集体经营性建设用地使用权抵押、租赁协议预期收益权质押等方式进行融资，旨在实现农村集体经营性建设用地与国有土地具有相同的抵质押融资功能。截至 2015 年底，辖内银行业金融机构试点融资累计额达 44.88 亿元。

◎ 中粮信托首创农产品价格指数投资信托模式

2015 年，中粮信托在总结"生猪投资信托""肉鸡投资信托"实践经验基础上，成立"肉牛指数投资 1 号集合资金信托计划"，进一步延伸金融产品对农业生物资产的覆盖范围，引导社会资金支持农业。"肉牛指数信托"通过选定近一年价格较稳定的肉牛行业，委托内蒙古余粮畜业作为投资管理人进行肉牛育肥，并承诺包销，收益率与肉牛指数进行挂钩，成为国内首个农产品价格指数投资信托，进一步加大对农业发展的资金支持力度。

3. 金融扶贫

督导银行业金融机构找准扶贫开发中的职责定位，积极开展金融扶贫行动，加强和改进对贫困地区、贫困人群的金融服务，提升金融服务覆盖率、可得性和满意度。进一步强化差异化准入政策，鼓励银行业金融机构在贫困地区设立分支机构和服务网点，在具备条件的贫困地区优先推动机构网点乡镇全覆盖和金融服务行政村全覆盖。研究制定精准扶贫任务规划，精准发力，有效对接扶贫卡单，准确把握区域投向、支持方式和受益群体。国家开发银行和中国农业发展银行持续增加贫困地区基础设施建设、扶贫搬迁、教育扶贫等领域的资金投放，商业性金融机构不断加大信贷支持贫困地区生产和就业力度，金融扶贫效率有效提升。

专题 5　银监会全力做好新时期扶贫开发金融服务工作

近年来，银监会积极推进扶贫开发金融服务工作，引导银行业金融机构加强服务能力建设，提高扶贫开发综合金融服务水平，加大扶贫信贷投入和金融服务均等化建设，有效促进了扶贫对象收入增加和贫困地区经济社会可持续发展。

一是金融扶贫监管政策相继完善。配合制定《中国农村扶贫开发纲要（2011—2020 年）》，与有关部门联合印发《关于全面做好扶贫开发金融服务工作的指导意见》《关于创新发展扶贫小额信贷的指导意见》等一系列文件，进一步放开贫困地区机构准入政策，推动贫困地区信贷投入总量持续增长。印发《关于银行业金融机构做好老少边穷地区农村金融服务工作有关事项的通知》，督促银行业金融机构持续提升贫困地区农村金融服务水平。

二是扶贫信贷投放持续增加，各类金融扶贫信贷功能得到有效发挥。贫困地区各项贷款增速高于全部贷款平均增速，贫困农户贷款总量大幅增加。国家开发银行对贫困地区市场基础建设和培育的开发性能力不断增强，扶贫开发贷款业务已覆盖大部分贫困县；中国农业发展银行积极开展粮棉油收购资金业务、基础设施贷款、产业化龙头企业贷款业务和易地扶贫搬迁信贷业务；商业性金融机构加大对产业项目和贫困农户生产创业的信贷支持力度，农村信用社、村镇银行等农村中小金融机构积极参与扶贫贴息贷款发放。

三是贫困地区基础金融服务需求基本满足。在实现基础金融服务覆盖全国所有乡镇的基础上，进一步推进基础金融服务"村村通"。引导银行业金融机构积极在贫困县及县以下地区开设网点，广泛布设 ATM、POS 机，设立简易便民服务点，业务范围涵盖代发最低保障金、粮食直补款、支农补贴资金等。

四是定点扶贫任务取得实效。高度重视对甘肃省临夏回族自治州和政县的定点扶贫工作，和政县贫困人口数量大幅下降。近年来，银监会系统向和政县直接投入资金 440.9 万元，募集捐赠物资折款 232 万元，共计 672.9 万元；直接实施项目 7 个；引进外部资金 5.3 亿元，实施农业、金融、文化、旅游、教育等领域项目 24 个。

◎ **江西银监局以油茶产业为抓手推进银行业支持产业扶贫**

江西银监局着力加大银行业支持油茶产业发展力度，出台《银行业机构支持油茶产业发展指导意见》，督促涉农银行业机构制定油茶产业专项信贷政策，设计开发与油茶种植和生产加工各环节相匹配的"油茶贷"等专项信贷产品。截至 2015 年底，中国农业银行江西省分行"油茶贷"授信客户 1.02 万户、授信总额 17 亿元，贷款余额 16 亿元，支持油茶种植 107.7 万亩。

◎ **宁夏银监局引导辖内银行业创新金融扶贫模式**

宁夏银监局引导辖内银行业机构创新开展"千村信贷、评级授信、项目捆绑、小额信贷"等金融扶贫模式，初步形成了政、银、企、社、民联合推动的"五位一体"金融扶贫开发新格局。截至 2015 年底，黄河农村商业银行"千村信贷·互助资金"工程累计为 866 个项目村发放贷款 127.51 亿元，惠及农户 31.62 万户；国家开发银行宁夏分行发放棚户区贷款 148.2 亿元，同比增长 150.94％，支持棚改户数 15.49 万户，覆盖了宁夏自治区各市县；中国农业发展银行宁夏分行"十三五"金融扶贫规划已评估易地扶贫搬迁中长期贷款项目 6 个，审批项目贷款金额 31.08 亿元。

◎ **中国农业发展银行全力支持脱贫攻坚**

2015 年，中国农业发展银行在全国金融系统率先成立扶贫金融事业部，以支持易地扶贫搬迁为突破口大力推进扶贫金融业务，全方位拓展金融扶贫领域和产品，全力支持脱贫攻坚。8 月推出易地扶贫搬迁贷款产品，截至 2015 年底，已审批项目 412 个、金额 2,700 亿元，实际发放贷款 809.7 亿元。

（二）重点领域金融服务

2015 年，银监会联合发展改革委印发《关于银行业支持重点领域重大工程建设的指导意见》，引导银行业金融机构在坚持落实国家战略与商业可持续相结合、坚持推进政策落实与优化金融服务相结合、坚持促进转型升级与金融创新相结合、坚持服务实体经济与防范金融风险相结合的基本原则下，立足银行业金融机构定位和自身优势，进一步完善工作机制和信贷政策，主动对接、积极支持重大工程项目建设，确保重大政策有效落地、金融风险有效防范，推动经济发展提质增效。

1. 支持国家战略实施

督导银行业金融机构紧跟国家战略、服务国家战略，抓住重大政策发展机遇，积极支持"一带一路"、京津冀协同发展、长江经济带等国家战略的实施。一是在管理有效、风险可控的前提下，对"一带一路"沿线国家、京津冀地区和长江经济带范围内的分支机构适当下放业务权限，倾斜人员配备和资源配置，优化信贷流程，实施精细化、差别化的信贷管理政策。二是探索建立跨行信息沟通机制，在金融服务、项目资源等方面积极开展交流合作，实现优势互补，互利共赢。三是积极延伸金融服务半径，把"一带一路"沿线国家作为海外布局的战略重点，把京津冀地区和长江经济带作为拓展金融服务的重点区域，完善多层次、广覆盖、差异化的银行业服务体系。

专栏 10　银行业支持"一带一路"建设

2015 年，银监会认真贯彻落实"一带一路"重大战略部署，引导银行业金融机构发挥金融优势，积极支持"一带一路"建设。一是加强顶层设计和部署，制定金融支持"一带一路"的总体规划和实施方案。二是完善机构和服务网络布局。截至 2015 年底，共有 9 家中资银行在"一带一路"沿线 24 个国家设立了 56 家一级分支机构（其中，子行 16 家，分行 32 家，代表处 8 家）。三是加强产品服务创新。积极开展跨境贸易及投资并购、全球授信、投资银行、现金管理、套期保值等产品创新，满足重点项目多元化金融服务需求。四

是加大信贷支持力度。支持"一带一路"沿线基础设施建设，提高互联互通水平；促进境外资源开发，带动国际产能合作；助力企业"走出去"，推动外贸发展。

同时，银监会积极拓展和深化与"一带一路"沿线国家的跨境监管合作，加强跨境风险防范，为中外资银行业金融机构的发展和合作营造良好的外部环境。截至 2015 年底，银监会已与 27 个"一带一路"国家的金融监管当局签署了双边监管合作谅解备忘录（MOU）或合作换文。

◎ 福建银监局推动银行业支持"一带一路"建设

福建银监局配合福建省政府制定《福建省建设 21 世纪海上丝绸之路核心区实施方案》等实施文件，出台《关于进一步加强和改进经济新常态下金融服务工作的通知》等监管引导政策。建立金融支持"一带一路"统计分析制度，持续推动辖区银行业深化银政企信息共享。推进跨境投融资产品创新和服务便利化，拓展产业基金等投贷融合支持"通陆达海"项目建设的合作机制，全面支持福建建设 21 世纪海上丝绸之路核心区。截至 2015 年底，辖内银行业共支持"一带一路"项目 1,749 个，较年初新增 446 个。

◎ 中国银行积极构建"一带一路"金融大动脉

2015 年，中国银行成功发行"一带一路"债券，首次实现四币同步发行、五地同步上市。积极跟进服务"一带一路"境外重点项目 330 个，意向性授信金额 870 亿美元。截至 2015 年底，中国银行已在"一带一路"沿线 18 个国家设立 57 家分支机构，服务企业"走出去"能力进一步提升。

媒体视角 2　助力"一带一路"建设　银行业加速布局
Media Reports

　　"一带一路"愿景一经提出，银行业便积极参与其中。"一带一路"建设离不开资金的支持，也对相关金融服务提出了新的要求。

　　2015 年以来，银监会明确表示，将围绕"一带一路"战略部署，继续引导银行业金融机构加大支持力度。

　　当前，银行业金融机构厉兵秣马、加快布局，运用多元化渠道为企业"走出去"提供金融支持。除了传统融资形式之外，对于融资额度大、时间长的项目，一些银行组建银团进行贷款；有的项目采用 PPP（政府和社会资本合作）模式，吸纳社会资本的参与。

　　在此过程中，各家银行基于自身优势，各展所长，多层次解决企业面临的难题。政策性银行主要为大型项目提供期限长、低息的优惠贷款。大型商业银行则凭借综合性业务与海外网点的优势参与"一带一路"项目建设。股份制商业银行则发挥"小而活"的特点，深耕"一带一路"建设前期国内相关项目。

　　值得关注的是，"一带一路"沿线多为欠发达国家，汇率较不稳定。除了多角度、全方位对接融资需求，银行业还运用远期结售汇、人民币掉期、期权、货币互换和跨境人民币结算等措施，有针对性地防范汇率风险。随着人民币国际化的推进，银行业也在不断开发离岸市场新型避险产品，为企业降低融资成本。

　　金融服务在壮大，非金融服务也开始生根。鉴于大多数企业"走出去"缺少经验，不少银行利用自身的海外布局优势，为企业提供投资顾问服务，帮助企业分析国别风险，并在企业项目展开期间，加强与当地政府及相关部门的沟通，最大程度地减少企业可能遇到的问题。

　　机遇属于企业，同时也属于银行业。由于"一带一路"建设涉及的项目往往规模很大，银行的信贷投放也随之大幅度提高。除了直接信贷增长，在紧随企业"走出去"的过程中，银行业也在因"需"而变，不断提高综合竞争能力，在项目融资、境外投资、承包贷款、出口买方信贷、出口卖方信贷、跨境并购与重组、跨境现金管理等业务上积极拓展。此外，还促进其海外分支机构的本地化运营，加快其国际化发展进程。

　　目前，银行业对于"一带一路"项目的"深耕"还在继续。据了解，多地银监局开始建立统计制度，加强对银行业金融机构服务"一带一路"相关企业的窗口指导和考核，足见其重视程度。未来，随着企业"走出去"范围的逐渐扩大，新的特点会不断呈现。银行业也将不断创新，提升金融服务水平，抓住发展机遇，实现自身的转型。

　　（来源：《金融时报》，时间：2015 年 11 月 24 日，记者：张末冬，选编）

专栏 11　银行业支持京津冀协同发展战略实施

　　2015 年，银监会充分发挥监管引领作用，督促银行业金融机构围绕《京津冀协同发展规划纲要》，努力实现京津冀三地金融服务同城化，支持京津冀协同发展。一是鼓励银行业金融机构在风险可控的前提下进一步优化信贷资源配置，积极开展信贷产品和服务创新，支持重大项目建设。二是将上海自贸试验区有关监管政策扩大到天津等自贸试验区，为第二批自贸试验区顺利挂牌提供有力支持。三是探索完善科技创新投融资机制。积极配合科技部等部委完善科技创新投融

资体系，持续落实《促进科技和金融结合试点实施方案》，推动北京中关村国家自主创新示范区和天津市充分发挥试点地区的影响带动作用，引导河北省石家庄市积极开展科技金融工作，取得良好成效。

◎中国进出口银行大力支持京津冀交通网络互联互通

中国进出口银行紧紧抓住京津冀协同发展的战略机遇，重点围绕港口、铁路、航空等方面，为京津冀交通网络建设提供全方位、立体化的资金支持。积极支持津秦铁路、津保铁路建设，累计提供贷款53.19亿元，支持改善京津冀沿线交通和投资环境，促进区域产业升级调整，进一步提升天津对环渤海区域的辐射能力，推动东北亚地区的物流运输和经济合作。

北京银行与天津市人民政府签署全面战略合作协议，为天津市企业或项目提供1,000亿元资金支持，助力京津冀协同发展战略的实施

专栏 12　银行业支持长江经济带建设

2015年，银监会积极用好机构准入调节手段，指导银行业金融机构全面提高长江经济带金融服务水平，推动长江经济带区域间协调发展。一是支持重大基础设施建设。鼓励银行业金融机构重点支持长江经济带沿线综合立体交通走廊、现代产业走廊、绿色生态廊道建设。二是补足金融服务短板。引导银行业金融机构加大在长江流域内的网点建设力度，扩大农村基础金融覆盖面；积极推进长江经济带地区新型城镇化建设，满足保障性安居工程融资需求；支持精准扶贫体

系建设。三是促进产业转型升级。支持沿江省市培育和发展特色优势产业，促进地区间产业有序转移；支持沿线外向型产业园区建设、出口品牌培育、贸易平台和跨境电商园区建设；指导银行业金融机构为科技型中小企业提供优质特色金融服务，推动大众创业万众创新。截至2015年底，国家开发银行、政策性银行及邮政储蓄银行在长江经济带地区贷款余额4.8万亿元，比年初增加7,421.8亿元，增幅18.3%。

◎ **发挥光大集团全牌照优势，助力长江经济带建设**

中国光大银行全力支持国家长江经济带战略实施，紧密围绕相关区域发展政策，调研走访长江沿岸地区重点投资项目，加大相关授信项目营销力度，提供契合客户需求的综合化金融方案，在客户营销、项目审批、贷款投放、其他综合化金融服务等方面为"长江经济带"重点项目提供全面支持。

2. 支持保障性安居工程

引导银行业金融机构按照风险可控、商业可持续的原则，探索完善信贷管理机制，创新金融服务方式，加大对保障性安居工程的金融支持力度。推动国家开发银行不断完善住宅金融事业部管理，提升服务棚户区改造的效率；与地方政府建立"统一评级、统一授信、统借统还"的融资模式，落实地方政府还款保障机制；完善棚户区改造贷款管理办法，继续通过省级融资平台发放棚户区改造贷款；开展棚户区改造专项资产证券化试点，盘活存量支持棚户区改造。截至 2015 年底，银行业金融机构保障性安居工程贷款余额 1.99 万亿元，比 2011 年底增加 1.50 万亿元，增幅 309.27%。

3. 支持基础设施行业建设

支持银行业金融机构发挥自身优势，在财务可持续的前提下，为生态环保、农林水利、中西部铁路和公路、城市基础设施等重大工程提供期限合理、稳定、低成本的资金支持。支持国家铁路建设，印发《关于信托公司开展铁路发展基金专项信托业务有关事项的通知》，明确准入标准；继续按照"规则不变、弹性掌握"的思路，缓释集中度问题对铁路等领域贷款的约束。截至 2015 年底，银行业金融机构基础设施行业贷款余额 19.4 万亿元。

4. 支持战略性新兴产业发展

鼓励银行业金融机构研究建立适应战略性新兴产业特点的信贷政策和信贷管理机制，构建银政企合作机制，创新融资模式，在风险可控的前提下，不断加大对节能环保、新一代信息技术、生物、高端装备制造、新能源、新材料、新能源汽车等领域的信贷投放，支持战略性新兴产业加快发展。截至 2015 年底，21 家主要银行业金融机构[1]战略性新兴产业贷款余额 2.4 万亿元，较年初增加 1,865 亿元，增幅 8.4%。

---

① 21家主要银行业金融机构包括各政策性银行、大型商业银行、股份制商业银行和邮政储蓄银行。

◎金融租赁公司支持国产大飞机

2015 年 11 月 2 日，我国自主研制的 C919 大型客机在上海总装下线。为支持国产大飞机早日"升空"，金融租赁公司积极发挥金融租赁功能特色，利用在飞机租赁领域积累的专业优势经验，为推广国产大飞机提供配套金融服务。据统计，工银金融租赁有限公司、国银金融租赁股份有限公司等多家国内金融租赁公司合计下单近 300 架，是中国商飞 C919 飞机启动订单的主要来源，有力地支持了我国飞机产业发展壮大。

C919 大型客机

◎陕西银监局打造"金桥工程"，积极支持重点项目建设

陕西银监局通过"金桥工程"，联合陕西省发改委对辖内银行业支持重大工程建设提出工作要求，进一步拓宽对接面，将重点建设项目银行资金供给需求两本台账延伸至辖内银监分局，按季度统计分析各地区银行业机构支持投资建设中存在的困难和问题，科学引领银行业机构支持陕西重点项目建设。截至 2015 年底，辖内银行业机构支持陕西省重点建设项目 86 个，支持资金余额合计 1,635.84 亿元，较年初增长 49.92%，重点建设领域资金需求得到有力保障。

专栏 13　银行业助力"大众创业，万众创新"

2015 年，银行业金融机构持续加强产品和服务创新，优化信贷资源配置，全面做好小微企业、科技企业、大学生等创新创业重点群体的金融服务工作。

一是持续改进小微企业金融服务。重点支持符合国家创新驱动战略、产业和环保政策的小微企业融资需求；优化小微金融组织架构，拓宽小微金融覆盖面，截至 2015 年底，小微支行、社区支行总数已超过 5,000 家；开展"银税互动"活动，将小微企业的纳税记录转化为银行信用，

提高小微企业融资可获得性；稳步开展小额贷款保证保险、信用保证保险等"银保合作"服务小微企业模式的试点工作。

二是支持科技创新创业企业发展。在科技资源集中区域设立科技金融专营机构、科技分（支）行、科技金融服务团队，初步形成多层次、立体化的服务体系；针对科技企业"轻资产、高成长"的特点，创新管理机制；为科技企业量身定制知识产权质押、股权质押、应收账款质押、订单质押、出口退税质押等多种金融产品；创新风险控

制技术，整合各方资源，构建"1+N"式多位一体的科技金融综合服务平台，建立多层次的风险分担机制。

三是做好大学生、返乡创业人员金融服务。与地方团委、创业园区、科技部门、担保机构等多方合作，因地制宜，加大对大学生创业贷款的支持力度；改进大学生创业贷款管理机制，开通绿色通道，降低贷款门槛，提升审批效率；完善信用评价机制，提供更加全面专业的金融信息服务，加强对返乡农民工、农村青年等

银监会主席尚福林赴中关村国家自主创新示范区调研

创业人员的信贷支持。

◎ 上海银监局推动科技金融"六专机制"，探索科技金融服务新模式

结合国际经验和上海银行业基层探索实践，上海银监局于 2015 年 8 月印发《关于上海银行业提高专业化经营和风险管理水平进一步支持科技创新的指导意见》，推动"六专机制"建设，重点探索"投贷联动"、风险分担以及损失抵补等制度创新。截至 2015 年底，辖内 9 家银行以"投贷联动"模式为 105 户科技型小微企业提供融资余额 10.2 亿元，为投贷联动业务创新探索积累了一定的经验。

◎ 武汉农村商业银行为科技型企业提供全周期融资服务

针对科技型企业"轻资产、重技术"及"短、频、急"的融资特点，武汉农村商业银行探索以专利权、股权、应收账款质押等新型担保方式，"量身定制"9 大类 12 个品种的"科技融"系列产品，全面对接不同发展周期的科技型企业融资需求。截至 2015 年底，全行科技型企业融资余额 88.4 亿元，累计投放金额 267.9 亿元，科技型企业信贷转化率达到 60% 以上，农村科技贷款满足率达 95%。

◎ 上海浦东发展银行全程扶植"科技小巨人"

2015 年，上海浦东发展银行积极贯彻国家"大众创业、万众创新"战略部署，深入打造科技金融综合服务平台，为创业型客户提供成长全程专属服务。一是打造科技金融专业化经营体系，搭建了以科技支行、科技金融服务中心、科技特色支行等为特色的立体化、多层次服务网络。二是以"科技小巨人"服务体系为核心，构建以业态跨界、市场跨界、平台跨界和 O2O 跨界为特色的综合服务平台。三是紧密围绕科技企业成长全过程，推出天使联盟、成长联盟、上市联盟、战略联盟，根据科技企业成长不同阶段，提供差异化、特色化、全程化金融服务。截至 2015 年底，上海浦东发展银行已服务科技型企业 15,000 余户，融资金额达 1,400 亿元。

5. 支持自贸试验区建设

指导督促银行业金融机构贯彻落实自贸试验区总体方案，持续推进体制机制改革，创新金融产品和服务，有力地支持了自贸试验区建设。

一是完善监管政策体系。自 2013 年 9 月上海自贸试验区挂牌以来，先后 4 次出台针对性监管制度文件，构建自贸试验区银行业监管政策体系。2015 年，印发《关于自由贸易试验区银行业监管有关事项的通知》，将相关监管政策推广至广东、天津、福建自贸试验区以及上海自贸试验区扩展区域。二是扩大机构内部授权，构建自贸试验区银行业先行先试的组织基础。支持已取得离岸银行业务资格的 4 家中资商业银行总行（交通银行、上海浦东发展银行、招商银行、平安银行）授权其位于自贸试验区内的分行开办离岸银行业务。适当调整对自贸试验区相关业务和机构的绩效考核标准，授予银行业金融机构更多业务自主权。三是加强多部门沟通合作，强化自贸试验区监管新政的宣传推广。主动加强与有关部委、地方政府及境外监管机构等方面的沟通协作，引导境内外银行业金融机构在自贸试验区集聚发展。

自贸试验区内银行业改革发展取得积极成效。一是金融机构集群发展，金融服务协同效应逐步显现。自贸试验区内机构集聚效应日益突出，区内机构数量、层级和种类进一步丰富，对内对外开放程度进一步提升。截至 2015 年底，4 个自贸试验区内各种类各层级银行业金融机构 700 余家。各自贸试验区特点鲜明：上海自贸试验区立足国际金融中心，广东自贸试验区着眼粤港澳一体化，天津自贸试验区重在融资租赁，福建自贸试验区对台特色明显。二是创新业务蓬勃发展，服务形式多元化。离岸金融业务、跨境贷款、跨境融资服务等蓬勃发展，"互联网＋"特色创新不断涌现。三是银行业风险得到有效防控。银监会指导有关派出机构在非现场监管中增加自贸试验区银行业特色监测报表，开展针对自由贸易账户流动性风险、市场风险、国别风险的跟踪监测，有效防范了自贸试验区银行业风险。

◎上海银监局创设自贸试验区银行业务创新监管互动机制

上海银监局借鉴国际金融监管部门与机构间互动的经验，推出"业务创新与监管互动机制"，允许辖内银行业金融机构在符合审慎经营原则的前提下，对符合实体经济需要、但现有监管法规未覆盖，或不清晰领域的创新事项，通过沟通互动，在自贸试验区内先行先试。截至 2015 年底，已有海外并购、财务公司产业链金融服务、绿色信贷等 10 项试点业务获得支持，落户自贸试验区。该试点有助于推动监管制度的修订和完善，有助于推动银行业金融机构顺应供给侧结构性改革的总体要求。

◎上海浦东发展银行创新交易清算服务模式，服务上海自贸试验区要素交易市场建设

2015 年 8 月，上海浦东发展银行成为上海自贸试验区大宗商品现货交易清算项目首批上线的清算银行，该项目是上海自贸试验区大宗商品现货市场建设的重要举措。上线首日，上海浦东发展银行通过自由贸易账户（FT 账户）体系帮助多家国际客户及电子平台完成涉及电解铜、冷轧板等多个现货品种、金额近 700 万元的交易清算。该业务创新将助力上海自贸试验区率先形成规范的要素交易市场及国际大宗商品交易的定价中心，吸引更多的境内外投资机构参与，进一步带动现代服务业、物流行业、航运业的联动发展。上海浦东发展银行针对参与大宗商品交易客户的特点制定个性化金融产品，服务相关企业共享金融创新成果。

（三）绿色信贷

1. 完善监管政策，加强窗口指导

印发《关于银行业进一步做好服务实体经济发展工作的指导意见》，引导银行业金融机构按照"区别对待、有保有控"的原则，加大对产能过剩行业兼并重组、转型转产、技术改造等环节的信贷支持，促进化解过剩产能和传统产业转型升级。对于暂时遇到困难，但符合产业政策、有市场、有效益的企业，继续支持其合理的信贷需求，避免"一刀切"式的抽贷、停贷、压贷。明确要求银行业金融机构按照"四个一批"要求，根据地区经济金融运行情况实施差异化的授权制度，在提高风险甄别能力的同时，加大对过剩行业中有技术、有市场、有订单的企业的支持，通过联合授信、银团贷款等方式支持企业渡过难关。截至 2015 年底，21 家主要银行业金融机构向包括

钢铁、水泥、平板玻璃、铝冶炼、金属船舶制造等在内的产能严重过剩行业[①]发放的贷款余额总计1.61 万亿元，占各项贷款比重同比下降 0.2 个百分点。

2. 发展绿色信贷，支持节能环保工程

督导银行业金融机构创新金融产品与服务，支持国家节能重点工程、环境保护重点工程以及采用先进节能环保技术的技术升级改造项目，加大对节能减排、环境保护的支持力度，积极支持产业结构调整和企业技术改造升级。截至 2015 年底，21 家主要银行业金融机构绿色信贷余额

银监会副主席王兆星赴广东调研

7.01 万亿元，较年初增长 16.42%，占各项贷款余额的 9.68%。贷款所支持项目预计可节约标准煤 2.21 亿吨，节水 7.56 亿吨，减排二氧化碳当量 5.50 亿吨、二氧化硫 484.96 万吨、化学需氧量 355.23 万吨、氮氧化物 227.00 万吨、氨氮 38.43 万吨。

专栏 14 《能效信贷指引》

"节约优先"是我国能源发展的基本政策，在我国经济转型升级过程中，节能环保产业巨大的发展空间创造了快速增长的融资需求，也对银行业金融机构开展能效信贷业务、进行能效项目技术与风险评估等方面提出了挑战。

2015 年 1 月，银监会与发展改革委联合印发《关于印发能效信贷指引的通知》，鼓励和指导银行业金融机构积极开展能效信贷业务，有效防范能效信贷业务相关风险，支持产业结构调整和企业技术改造升级，充分发挥银行业金融机构在促进节能减排、推动绿色发展中的作用。《能效信贷指引》明确了能效项目、用能单位和节能

---

① 其中，钢铁行业、船舶行业统计口径较之前有所扩大。钢铁行业统计口径现为国民经济行业代码中"08 黑色金属矿采选业"和"31 黑色金属冶炼和压延加工业"；船舶行业统计口径现为"373 船舶及相关装置制造"。

服务公司的准入要求及相关信贷的风险审查要求；从能效项目特点、能效信贷业务重点、业务准入、风险审查要点、流程管理、产品创新等方面，提出具有可操作性的指导意见，通过专业化、针对性的业务创新和风险管控要求，为银行业金融机构提升产业服务水平提供指导和帮助。

◎中国农业银行发行首单中资金融机构绿色债券

2015 年 10 月，中国农业银行在伦敦证券交易所成功上市等值 10 亿美元的人民币与美元双币种绿色债券，这是中资金融机构发行的首只绿色债券，也是亚洲发行体发行的首只人民币绿色债券。绿色债券是一种国际创新的绿色融资方式，其募集资金需用于环保相关的绿色项目。中国农业银行绿色债券吸引了近 140 家投资者超额认购，募集资金将投放于按国际通行的《绿色债券原则》并经第三方认证机构审定的绿色项目，覆盖清洁能源、生物发电、垃圾及污水处理等多个领域。

◎华夏银行发展绿色转贷，支持绿色发展

华夏银行积极与世界银行、法国开发署、亚洲国家开发银行等国际金融组织合作，利用国际金融组织转贷款的低成本资金，引入国际先进的绿色金融服务理念和项目运作方法，为全国 34 家企业的 49 个项目发放了外国政府转贷款，累计投放 10,953 万欧元、24,023 万美元，折合人民币 24.23 亿元，发放配套人民币贷款 48 亿元。项目涉及电力、新能源等 10 个行业，涵盖余热余压利用、热电联产、系统优化等节能领域，风电、光伏发电、生物质发电等新能源领域。环境受益地区包括北京、河北等 18 个省份。各类绿色转贷款项目每年实现节约标准煤 192 万吨，减排二氧化碳 338 万吨，社会环境效益明显。

（四）区域协调发展

2015 年，银监会督促银行业金融机构认真贯彻国家区域发展政策，调整区域信贷投向，优化经济落后地区与发达地区之间的信贷资源分配。积极培育和完善中西部地区金融体系，提高金融服务的可获得性。截至 2015 年底，中西部和东北地区贷款余额同比增速较东部地区高 2.5 个百分点；贷款增速位列前十名的省（自治区、直辖市）分别为西藏（31.2%）、甘肃（24.4%）、贵州（21.7%）、海南（21.5%）、黑龙江（21.0%）、吉林（20.8%）、青海（19.6%）、江西（18.6%）、湖北（16.9%）、湖南（16.6%），大部分位于中西部地区。

1. 支持东北地区发展

一是支持东北地区棚户区改造。督促国家开发银行加大对东北地区棚改信贷支持力度，对棚户区改造软贷款收回再贷采取差异化监管政策。截至 2015 年底，国家开发银行在东北地区棚改贷款余额 1,408.72 亿元，当年新增发放棚改贷款 639.17 亿元。

二是支持东北振兴重点项目建设。2015 年，国家开发银行向东北地区新增发放贷款 2,091 亿元，同比增长 9.04%；向东北三省投放专项建设基金 255 亿元，主要用于城市轨道交通、城区老工业区及独立工矿区搬迁改造等项目。中国农业发展银行积极做好粮棉油收购和储备资金供应，不断加大对东北地区农业基础设施、重大水利工程、贫困地区公路建设等领域的支持力度。截至 2015 年底，中国农业发展银行在东北地区发放的粮棉油储备贷款、农村基础设施建设中长期贷款、重大水利工程建设专项过桥贷款等各类贷款余额共计 7,070 亿元，较年初增加 2,466 亿元。

三是支持东北地区企业"走出去"。中国进出口银行充分发挥支持外贸发展和企业"走出去"的作用，积极通过出口卖方信贷、进口信贷、"两优"信贷等产品，支持当地企业拓展海外市场，助力东北振兴。截至 2015 年底，中国进出口银行在东北地区各类贷款余额共计 1,270 亿元，较年初增加 205 亿元。

2. 支持新疆地区发展

一是服务"丝绸之路经济带"核心区建设，加大对重点项目、重点行业、基础产业的金融支持力度。对符合国家政策的新兴产业、丝路产业、大众创新和公共服务领域，积极引导银行业机构参与 PPP 项目融资，采用"银税互动"、银团贷款等方式加大融资支持力度。二是大力发展普惠金融。针对小微企业、"三农"、贫困地区发展、兵团城镇化建设等薄弱领域加大金融扶持力度，推动精准扶贫和农村地区金融服务"村村通"工程，准确把握区域投向、支持方式和受益群体，切实补足金融服务短板。三是继续支持南疆四地州发展。实行"南北挂钩"，引导银行业金融机构完善南疆金融服务体系，重点支持南疆四地州基础建设、特色产业、民生工程等领域。

截至 2015 年底，新疆辖内银行业金融机构各项贷款余额 1.39 万亿元，同比增长 11.82%。其中，涉农贷款余额 5,821.40 亿元，同比增长 6.79%；小微企业贷款余额 2,276.97 亿元，同比增长 13.47%。国家开发银行喀什分行、中国进出口银行喀什分行、5 家大型商业银行在南疆地区新设的 8 家分支机构、中国民生银行乌鲁木齐分行、北京银行乌鲁木齐分行、天津滨海农村商业银行新疆分行、阿克苏农村商业银行、库尔勒农村商业银行均已开业；新疆银行、巴基斯坦哈比银行乌鲁木齐分行有关筹建工作积极推进。新疆地区银行业金融机构达 133 家，涵盖 15 类机构，银行经营性网点 3,773 个；5,419 个行政村实现基础金融全覆盖，覆盖率达 62.74%。

3. 支持西藏地区发展

一是用好用足优惠政策。有效对接信贷政策和区域经济发展政策,确保各项政策措施落到实处。二是持续推动信贷资源向重点建设项目和基础设施项目等领域投放。三是不断提升普惠金融水平。积极推广"网格化"等服务方式,延伸金融服务触角,着力解决偏远农牧区特别是金融机构空白乡镇的基础金融服务覆盖问题。四是执行差异化的绩效考核机制。鼓励银行业金融机构总行对在藏分支机构制定和实行差异化绩效考核办法,综合考虑西藏市场环境、客户资源、金融基础设施建设、人力和管理成本等特殊因素,对各类经营管理指标单独进行考核。

截至 2015 年底,西藏辖内银行业金融机构各项贷款余额 2,124.49 亿元,同比增长 31.19%。其中,涉农贷款余额 413.04 亿元,同比增长 35.97%;扶贫贴息贷款余额 293.08 亿元,同比增长 36.6%;小微企业贷款余额 335.06 亿元,同比增长 42.85%。中信银行拉萨分行、西藏金融租赁有限公司正式开业;上海浦东发展银行拉萨分行获批筹建。西藏农牧区设立金融助农取款服务点 3,771 个,较年初新增 1,299 个,覆盖 99.56% 的乡(镇)和 57.87% 的行政村。

银监会系统职工摄影作品

第四部分

依法监管

- 监管制度建设
- 内部架构改革

2015 年是全面推进依法治国的开局之年。银监会党委紧紧围绕全面贯彻落实党的十八届四中全会精神，坚持中国特色社会主义法治道路，坚持银行业市场化改革的法治导向，始终紧扣全面建成小康社会的战略目标，着力增强法治意识，完善银行业法律规则体系，推进严格执法，强化执法监督评价，提高依法监管和依法经营水平，积极推进银行业治理体系和治理能力现代化，促进经济社会持续健康发展。

（一）监管制度建设

1. 完善监管法规框架

（1）推动修改《商业银行法》。《商业银行法》修改工作已纳入全国人大常委会立法规划以及国务院立法工作计划。2015 年，银监会积极推动《商业银行法》修改，将存贷比法定监管指标调整为流动性风险监测指标，并由全国人大常委会会议审议通过。在此基础上，银监会启动《商业银行法》的全面修改工作。

（2）起草《信托公司条例（代拟稿）》。总结提炼信托业监管实践的良好经验，起草《信托公司条例（代拟稿）》，提升立法层级，从行政法规层面对信托公司的经营活动进行规范。

（3）完善监管规章和规范性文件体系。制定并印发《商业银行杠杆率管理办法（修订）》《中国银监会行政处罚办法》《商业银行流动性风险管理办法（试行）》《中国银监会现场检查暂行办法》等 10 件部门规章，制定并印发《关于印发非现场监管暂行办法的通知》《关于印发商业银行流动性覆盖率信息披露办法的通知》《关于印发邮政储蓄银行代理营业机构管理办法（修订）的通知》等多部规范性文件，进一步规范行政许可、行政处罚、现场检查和非现场监管等监管行为，加强对银行业金融机构的风险管控。

专栏 15　银监会全面推进银行业法治建设

2015 年 7 月，银监会党委印发《关于贯彻落实〈中共中央关于全面推进依法治国若干重大问题的决定〉的指导意见》，全面推进银行业法治建设。

一是健全工作机制。建立重大决策合法性审查机制，探索和制定银行业法治建设指标体系和考核标准，并在银监会机关及有条件的省级派出机构建立法律顾问制度，为全面推进银行业法治建设提供有力保障。

二是提升立法质量。建立法律、行政法规、规章和其他重要规范性文件由法律部门牵头起草与论证的机制，持续完善法律审查和备案审查制度，有序推进规章和其他规范性文件的执法检查、清理和后评估，并做好规章和其他规范性文件的解释工作，提高立法的前瞻性和科学性。

三是加强依法监管。优化分层执法体系，依法推进简政放权。规范执法行为，完善执法程序，加大重点领域执法力度，依法维护银行业秩序。落实行政执法责任制，强化行政复议监督功能，加强执法监督监察，确保权力依法、按程序行使。

四是加大学法用法力度。完善党委中心组学

习制度，建立法律学习常态化机制，加大监管人员学法用法力度。推动银行业金融机构设立专职总法律顾问，强化法律合规部门作用，提升银行业依法合规经营水平。依法规范银行业金融机构的经营行为和从业人员行为，提高银行业从业人员学法、知法、守法的自觉性，提升银行业法治意识。

◎ 新疆银监局组织开展"新疆银行业法治金融建设年"活动

组织法治金融大讲堂70余讲，开展基层网点巡讲100余场，参与人数超过5万人次，实现了机构和地域全覆盖，被新闻媒体宣传报道30余篇次，营造了诚信守法、稳健合规的文化氛围。通过组织合规知识竞赛、加大现场检查力度、依法严格实施行政处罚等方式进一步巩固活动效果，2015年，对辖内18家银行业金融机构的违规行为实施行政处罚36起，罚款金额631万元，实施行政处罚数量及处罚金额均为历年最高，辖内银行业金融机构依法合规经营意识进一步增强。

◎ 四川银监局推动辖内银行业高级管理人员学法守法

组织编写170余万字的《四川银行业高级管理人员法律知识读本》，开展四期全省各级银行业高级管理人员专题法律法规培训，累计培训全辖高级管理人员7,000余人次，取得良好效果。

专栏16 《关于促进互联网金融健康发展的指导意见》

2015年7月18日，《关于促进互联网金融健康发展的指导意见》（银发〔2015〕221号，以下简称《指导意见》）正式印发。《指导意见》提出，互联网金融是传统金融机构与互联网企业利用互联网技术和信息通信技术实现资金融通、支付、投资和信息中介服务的新型金融业务模式。互联网金融的主要业务形式包括：互联网支付、网络借贷、股权众筹融资、互联网基金销售、互联网保险、互联网信托和互联网消费金融。

《指导意见》按照"鼓励创新、防范风险、趋利避害、健康发展"的总体要求，提出了一系列鼓励创新、支持互联网金融稳步发展的政策措施，积极鼓励互联网金融平台、产品和服务创新，鼓励从业机构相互合作，拓宽从业机构融资渠道，坚持简政放权和落实、完善财税政策，推动信用基础设施建设和配套服务体系建设。

《指导意见》按照"依法监管、适度监管、分类监管、协同监管、创新监管"的原则，确立了互联网支付、网络借贷、股权众筹融资、互联网基金销售、互联网保险、互联网信托和互联网消费金融等互联网金融主要业态的监管职责分工，落实了监管责任，明确了业务边界。同时，

中国银行业监督管理委员会 2015 年报
CHINA BANKING REGULATORY COMMISSION 2015 ANNUAL REPORT

《指导意见》还在互联网行业管理，客户资金第三方存管制度，信息披露、风险提示和合格投资者制度，消费者权益保护，网络与信息安全，反洗钱和防范金融犯罪，加强互联网金融行业自律以及监管协调与数据统计监测等方面提出了具体

要求。

按照《指导意见》的监管职责分工，银监会负责监管网络借贷业务。目前，银监会起草的《网络借贷信息中介机构业务活动管理暂行办法》已完成公开征求意见，将修改完善并及时印发。

2. 健全审慎规制体系

2015 年，银监会对银行业审慎规制进行了全面梳理和系统规划。一是成立银监会规制审核专家小组和规制咨询专家小组，为规制建设提供专业支持。二是全面梳理近 400 份涉及银行业审慎监管要求的办法、指引、通知、风险提示等文件，初步构建了完整清晰，易于理解，覆盖公司治理、资本管理、风险管理、内部控制和审计、信息披露以及主要业务经营领域的审慎规制体系。三是印发《银监会 2015—2020 年审慎规制建设规划》，明确了 2015—2020 年银监会审慎规制建设工作的总体目标、基本原则、主要任务、保障措施以及路线图。四是印发《银监会审慎规制建设工作规则（试行）》，细化、完善规制建设的工作机制和工作流程。

3. 参与制定法律法规

配合全国人大、国务院法制办及其他部委完成《税收征收管理法》《国家安全法（草案）》《保险法（建议稿）》《价格法（修订征求意见稿）》等多部法律，以及《快递暂行条例（送审稿）》《商用密码管理条例》《现金管理条例》《预算法实施条例（修订草案送审稿）》等多部行政法规的研提意见工作。

（二）内部架构改革

2015 年，银监会对监管组织架构进行了重大改革，对内设机构重新进行了职责划分和编制调整。改革重点是清减下放行政权力，明确风险监管主体职责，强化事中事后监管。分级建立"三个清单一张网"，即监管权力清单、责任清单、约束清单和监管服务网站，进一步提高监管透明度，加强自我约束。

此次改革按照监管规则制定与执行相分离、审慎监管与行为监管相分离、行政事务与监管事项相分离、调查与行政处罚审理和审议决定相分离的思路，从规制监管、功能监管、机构监管、监管支持四个条线，对内设机构重新进行了职责划分和编制调整。撤销 2 个部门（培训中心、信息中心），设立城市商业银行监管部，专司对城市商业银行和民营银行的监管职责；设立信托监督管理部，专司对信托业金融机构的监管职责。改造 3 个部门（统计部、银行业案件稽查局、融资性担保业务工作部），设立审慎规制局，牵头非现场监管工作，统一负责银行业审慎经营各项规则制定；设立现场检查局，负责全国性银行业金融机构现场检查；设立银行业普惠金融工作部，牵头推进银行业普惠金融工作。按监管职责内容命名各机构监管部。银行监管一部为大型商业银行监管部；银行监管二部为全国股份制商业银行监管部；银行监管三部为外资银行监管部；银行监管四部为政策性银行监管部；合作金融机构监管部为农村中小金融机构监管部。

一是强化监管主业，倾斜资源，提升专业化监管水平。将有限的机构和人员编制向前台监管部门倾斜，调整后内设 22 个部门中，监管部门由 11 个增加到 17 个，占部门总数的 77.3%，差异化、专业化监管体系更加完善，部门之间的职责边界更加清晰。

二是强化依法监管，法有授权必尽责，提升监管威慑力。现场检查局整合银监会现场检查力量，增强对违规经营行为和违法违规案件的查处力度；法规部进一步强化在监管法律法规起草制定和审查方面的职责，具体承担行政处罚委员会办公室和行政复议委员会办公室工作，突出监管权威性和专业性。

三是强化权责厘清，简政放权，为创新预留空间。本着风险为本、法人监管、属地负责的原则，进一步明确了银监会与派出机构之间的风险监管职责和权力，对于全国性机构，主要由银监会各机构监管部门承担风险监管主体责任，派出机构负相应监管协助责任；对于地方性机构，银监会仅对法人机构的新设筹建、市场退出、重组改制和破产重整进行审批，其他市场准入权力下放给派出机构，并由注册所在地派出机构承担风险监管主体责任，银监会相应监管部门负指导责任。建立对派出机构尽职情况后评价机制，凡发生派出机构未尽到属地主体监管责任的，可视情况约束或上收监管权力，实现对派出机构按履职能力进行差异化授权和严格问责。

四是强化顶层设计，统一标准，推进政策和规制统筹。审慎规制局负责各类审慎监管规则标准统一；强化政策研究局在银行业全面深化改革的顶层设计与组织实施方面的牵头职能，负责拟定银行业服务实体经济发展重大政策，并对宏观经济金融形势、重大监管课题开展预测分析和前瞻研究，更好地促进各类银行业金融机构的稳健经营，公平竞争。

五是强化金融服务，归并功能监管，加强为民监管和薄弱环节服务合力。强化银行业普惠金融工作部在小微企业、"三农"等薄弱环节服务和小额贷款公司、网络贷款公司、融资担保公司等非持牌机构监管协调方面的抓总职责；进一步明确和强化了创新部、消保局、信科部等功能监管部门的职责，完善功能监管和机构监管有效联动的架构体系。

改革后银监会监管架构图

政研局 — 政策研究局：负责银行业全面深化改革的顶层设计与组织实施等

审慎规制局：负责制定银行业各类审慎监管规则等 — 审慎局

检查局 — 现场检查局：负责全国性银行业金融机构的现场检查

法规部：负责起草、制定银行监管法律法规、部门规章、规范性文件，统筹协调市场准入工作等 — 法规部

普惠金融部 — 银行业普惠金融工作部：负责推进银行业普惠金融工作，融资性担保机构、小贷、网贷的监管协调等

银行业信息科技监管部：负责银行业信息科技风险监管等 — 信科部

创新部 — 业务创新监管协作部：负责银行业金融机构业务创新监管协调等

银行业消费者权益保护局：负责银行业消费者权益保护相关工作 — 消保局

政策银行部 — 政策性银行监管部：监管国家开发银行、中国进出口银行、中国农业发展银行、邮政储蓄银行

国有控股大型商业银行监管部：监管5家大型商业银行 — 大型银行部

股份制银行部 — 全国性股份制商业银行监管部：监管12家全国性股份制商业银行

城市商业银行监管部：监管城市商业银行和民营银行 — 城市银行部

农村金融部 — 农村中小金融机构监管部：监管农村商业银行等农村中小金融机构

外资银行监管部：监管外资银行 — 外资银行部

信托部 — 信托监督管理部：监管信托机构

非银行金融机构监管部：监管金融资产管理公司、企业集团财务公司等非银行金融机构 — 非银部

处非办 — 处置非法集资办公室（银行业安全保卫局）：负责非法集资案件处置和银行业安全保卫相关工作

办公厅（党委办公室）、财务会计部、国际部（港澳台事务办公室）、监察局（纪委）、人事部（党委组织部）、宣传工作部（党委宣传部）、机关党委、党校、系统工会、中央金融团工委（系统团委）、机关服务中心等部门主要职责不变

专栏 17　整合现场检查资源　现场检查局成立

2015 年 1 月，银监会实施了组织架构重大改革，改革重点之一是将原分散在各机构监管部门的现场检查职责单列出来，成立现场检查局，其他监管部门不再承担现场检查职责。现场检查局按照业务类型内设 12 个处，负责拟订各类银行和非银行金融机构现场检查计划并组织实施；统筹银监会系统现场检查工作，承担对现场检查立项、实施和后评价职责；组织、协调银行业综合性检查和重大、跨区域案件的调查，查处银行业金融机构违法违规案件；指导、督促派出机构案件稽查和现场检查工作。

现场检查局成立后，出台了《中国银监会现场检查暂行办法》及一系列配套规则，探索建立了现场检查与非现场监管之间的横向合作交流机制，扎实推进与派出机构的纵向联动，积极健全现场检查工作体系。现场检查局将持续加大对银行业金融机构违规经营行为和违法违规案件的查处力度，进一步提升现场检查工作的专业性、独立性和权威性。

◎ 山西银监局推行全流程网上行政审批限时办结

山西银监局依托综合办公平台，规范行政许可申请受理通知书、行政许可事项审核表等电子格式文书，建立补正、受理、审核、批复等电子流程，将审批流程由"线下"复制到"线上"，推进全流程网上审批。实施行政许可办理时限承诺制，在受理通知书中明确时限，落实办理责任，审批效率明显提高。全年累计审批许可事项 500 余项，其中机构筹建平均审批时间 40 天，机构开业平均 28 天，社区、小微支行平均 15 天，高级管理人员任职平均 18 天，审批效率平均提升 30%。

◎ 黑龙江银监局"摸清家底"晒出权力清单

黑龙江银监局积极推动分级建立"三个清单一张网"工作，切实清理本局行政职权，于 2015 年 7 月完成了权力清单制定工作，厘清行政权力共计六大类、271 项，发挥了两个方面积极作用：一是主动公开政府信息，及时满足人民群众提出的公开银行监管职责等要求，自觉接受外部监督；二是厘清了银监局自身职权，找准了银监局和银监分局之间职责不明确和相互交叉的部分，进一步完善监管事权划分和简政放权，将 13 项行政许可审批权限下放至银监分局。

媒体视角 3　银监会架构调整三大看点：立、放、新
Media Reports

中国银监会 1 月 20 日宣布实行监管架构改革，攥拳头强化监管主业，其三大看点在于：对于一些不断壮大的金融机构单独设"立"监管部门，对于部分审批权限下"放"，以及对于当下普惠金融监管创"新"。

立：分设新机构更具针对性

此次银监会的架构改革，可以明显地看出将有限的机构和人员编制向前台监管部门倾斜。调整后

内设 22 个部门中，监管部门由 11 个增加到 17 个，占部门总数的 77.3%。

中国社科院金融研究所银行研究室主任曾刚表示，此次银行业监管机构改革是顺应银行业金融机构发展变化而进行的有针对性的调整。"原来的一些机构规模由小变大，需要监管力量跟进，提升监管的专业化水平。"

此次改革后，银监会专门设立了城市商业银行监管部，专司对城市商业银行和民营银行的监管职责；设立信托监督管理部，专司对信托业金融机构的监管职责。

放：下放权限为市场主体"松绑"

清减下放行政权力是此次银监会架构改革的重点。对于全国性机构，银监会只承担风险监管主体责任，派出机构负相应监管协助责任；对于地方性机构，银监会仅对法人机构新设筹建、市场退出、重组改制和破产重整进行审批，其他市场准入下放给银监局。

"我国幅员辽阔，不同地区的发展水平不同，差异化较大。在银监会统一监管的框架下，很难因地制宜制定出符合当地实际的监管标准。"曾刚认为，此次简政放权，可以增强地方银监局的自由裁量权，有利于进行差异化监管，提高监管效率，是对现有体系中监管资源的优化。

不光在架构方面，银监会还在金融产品审批方面不断简政放权，将资产证券化等金融产品的发行由审批制改为备案制，只管业务范围，不管具体产品，为市场主体"松绑"。

新：创新引领普惠金融

此次，银监会还专门设立了银行业普惠金融工作部，并首次将互联网金融纳入普惠金融渠道。今后，银监会将牵头推进银行业普惠金融工作，并强化了普惠部在小微、"三农"等薄弱环节和小贷、网贷、融资担保等非持牌机构方面抓总责。

曾刚表示，普惠金融工作部组合集中原来零散分散在几个监管部门的职能，有利于普惠金融工作的系统推进，符合国家的发展战略要求。

随着互联网金融的风生水起，银监会也在适应经济发展的新趋势，将 P2P 等互联网金融纳入普惠金融监管，希望引领互联网金融健康稳步发展。

（来源：新华网，时间：2015 年 1 月 20 日，作者：吴雨、李延霞，选编）

专题 6　银监会大力推进简政放权

2015 年，银监会按照党中央、国务院的统一部署，深入推进简政放权，清减、下放部分审批权限，强化事中事后监管，持续提升监管有效性。

一是清减银监会自有行政审批事项。2015 年，银监会对现有的 9 项审批事项进一步清减，拟取消 2 项，下放 1 项，修改 1 项，并草拟具体计划报送国务院审改办。

二是清减中央设定地方施行审批事项。

推进取消"融资性担保机构的董事、监事和高级管理人员任职资格核准"这一审批事项，同时研究制定进一步加强事中事后监管的配套措施。

三是清理行政审批相关中介服务事项。按照国务院要求，研究清理行政审批 13 项中介服务事项。

四是修订印发五部行政许可规章。修订《中资商业银行行政许可事项实施办法》《农村中小金融机构行政许可事项实施办法》《外资银行行政许可事项实施办法》《非银行金融机构行政许可事项实施办法》，印发《信托公司行政许可事项实施办法》，并出台《市场准入工作实施细则》和《行政许可事项申请材料目录及格式要求》等配套措施，通过法定程序集中落实行政审批制度改革和监管架构改革成果。进一步下放审批权限，将二级分行筹建等3项

审批职能交由属地派出机构履行，提高行政许可事项办理效率。

五是进一步强化放管结合。印发《关于印发简政放权放管结合优化服务工作方案的通知》，明确了银监会简政放权、放管结合、优化服务工作的总体要求、主要任务、具体工作要求和时间进度，加强事中事后监管，全面推进简政放权、放管结合工作。

媒体视角4 银监会取消下放大量行政审批事项 打响金融监管改革当头炮

Media Reports

银监会近日起草和修订了五部行政许可规章，取消了大量行政审批事项，进一步缩短了审批链条，打响了金融监管改革的当头炮。

修订和起草的规章包括，修订《中资商业银行行政许可事项实施办法》《农村中小金融机构行政许可事项实施办法》《外资银行行政许可事项实施办法》和《非银行金融机构行政许可事项实施办法》，起草《信托公司行政许可事项实施办法》。这五部规章目前正在公开征求意见。

此次清减的行政审批事项包括：机构筹建延期和开业延期审批；机构降格和临时停业审批；机构由于变更名称、股权、注册资本、业务范围等前置审批事项而引起的修改章程审批；非银行金融机构变更组织形式审批；信用卡章程审批；中资商业银行、农村商业银行开办合格境外机构投资者境内证券投资托管业务审批；政策性银行、商业银行、金融资产管理公司高级管理人员在同一机构内部平级调岗转任任职资格审批等。

在下放审批权限方面，对于全国性银行业金融机构法人层面的行政许可事项，包括一级分行及分行级专营机构筹建、境外机构设立以及修订章程、变更注册资本、更名、变更住所、重大股权变更、相关重大投资事项、跨境投资并购、总行层面的董事长、行长、董事以及其他高级管理人员的任职资格和新增业务品种等由银监会审批。对于地方性银行业金融机构，除新设筹建、重组改制和终止事项由银监会审批外，其余事项包括修改章程、更名、董事和高级管理人员任职资格、业务范围调整等均下放给银监局审批。

在给市场主体释放更多空间的同时，如何有效防范银行业风险？银监会有关人员表示，将进一步加强事中事后监管，优化监管资源配置，将有限的监管资源向非现场监管、现场检查等环节倾斜，加大对违法违规行为的行政处罚力度，提高监管威慑力。

为约束下级机构的监管行为，银监会建立对派出机构履行行政审批职责情况的后评价机制，凡发生派出机构未尽到市场准入监管责任的，银监会可视情况约束或上收监管权力，并进行监管问责。

"注重发挥下级机构的监管作用，同时建立内部约束机制，对派出机构的审批保留上收权力，有利于鼓励地方机构提高监管能力，担负起赋予的法律责任。"国家行政学院进修部副主任陈炳才表示。

（来源：新华网，时间：2015年4月10日，记者：李延霞、苏雪燕，选编）

监管能力建设

- 市场准入
- 非现场监管
- 现场检查
- 监管问责与处罚
- 监管交流与合作
- 内部建设

（一）市场准入

坚持开放导向，畅通民间资本进入银行业渠道，增添市场活力。制定民营银行准入政策和操作细则并纳入《市场准入工作实施细则（试行）》；鼓励符合条件的民营企业发起设立民营银行，首批试点 5 家银行已全部开业并稳健运行；引导民间资本通过参与发起、重组改制和定向增发等方式，投资入股农村中小金融机构；支持符合条件的民间资本发起设立非银行金融机构。

坚持普惠导向，优化银行业机构体系，提升金融服务覆盖面和可得性。支持国家开发银行、中国进出口银行在南疆地区筹建分支机构；要求大型商业银行新设机构加大对国家科技创新中心和小微企业的支持力度；指导中国农业银行将"三农"金融事业部改革试点扩大至全部县域机构；按照坚定服务"三农"方向不变、稳定县域法人地位不变、保持体系完整性不变的原则，稳妥推进农村商业银行的组建工作；引导村镇银行向中西部地区、产粮大县和小微企业集中地区布局。

坚持创新导向，推进产品服务创新和机构改革，提高市场竞争力和服务实体经济效率。引导大型商业银行探索专项业务板块和条线的子公司制改革；支持大型商业银行、股份制商业银行、邮政储蓄银行完善在天津、福建、广东自贸试验区内的机构网络；落实"一带一路"战略，支持银行业金融机构完善境外机构布局并向境外机构增资；支持大型商业银行在境内外市场发行多币种优先股和二级资本债补充资本；鼓励绿色信贷，指导中国农业银行在境外发行 10 亿美元绿色债券，批准兴业银行和上海浦东发展银行发行绿色金融债券；进一步推进信贷资产证券化，盘活银行业信贷存量；支持商业银行开发基于互联网技术的新产品和新服务。

（二）非现场监管

持续完善非现场监管制度。规范非现场监管工作，印发《关于印发非现场监管暂行办法的通知》《非现场监管报表需求管理工作规程》；完善农村中小金融机构非现场监管框架；优化金融资产管理公司非现场监管报表体系；探索逆周期监管措施，将"存贷比"由监管指标调整为监测指标，印发《商业银行流动性覆盖率信息披露办法》。

持续强化机构运行和风险监测预警。一是按月度、季度、年度分析监测银行业运行情况，紧盯重点领域、重点地区和重点机构，通过监管会谈、专项约谈等方式及时传导宏观调控和监管导向。二是开展银行业压力测试工作，评估银行业的稳健性，识别潜在风险因素。三是完善银行风险早期预警系统预警模块功能，增强风险预警前瞻性，守住不发生区域性系统性风险底线。

持续加强对非现场监管工作的指导。印发《关于进一步加强非现场监管的工作意见》，明确非现场监管工作思路，加快推进组织领导、风险预警、科技运用、数据质量保障、监管联动、信息共享、分支机构监管、成果运用、监管后评价、人员保障 10 项机制建设，提升非现场监管工作质效。

持续改进非现场监管联动。优化监管运行操作规程，理顺监管工作流程，合理监管资源配置。通过部门内部联合审查研究行政许可事项、完善部门和部际间沟通机制、打造银监会机关和派出机构共同参与的监管联动会议平台、同境外监管机构共同召开国际监管联席会议等举措形成监管合力。

持续加强跨境银行监管工作。组织跨境危机管理工作组，开展系统重要性银行可处置性评估工作；起草《系统重要性银行跨境合作协议》；召开全球系统重要性银行核心监管联席会议；印发《关于大型银行有效风险数据加总和风险报告有关事项的通知》，推动大型商业银行提升数据管理能力，按期达到全球系统重要性银行的监管标准要求。

专栏 18　银行业监管大数据应用格局初步形成

2015 年，银监会以现场检查分析系统（EAST）建设为依托，制定完善监管数据体系架构，全面开展监管标准化数据采集，应用大数据技术开展行业风险识别、跟踪，提高监管和服务的针对性、有效性，全面推进区域性系统性风险防范。

一是行业监管数据基础进一步夯实。截至 2015 年底，共采集主要银行业金融机构监管标准化数据 97T，其中对公账户 1.66 亿个，其他账户 86 亿个，同比分别增长 55.45%、208.5% 和 167.6%。数据内容涵盖理财、同业、票据、期货、期权、掉期、互换交易等表内表外业务，进一步强化银行业整体风险把控能力。

二是监管应用业务领域进一步拓展。2015 年银监会立项的 131 个现场检查项目中，65 个项目应用 EAST 系统开展检查，占全部项目的 49.6%。应用业务领域覆盖信贷、信用卡、员工行为、收费业务、银行管理，涉及员工案件、存款失踪、冲时点、账外经营等行业风险重点和热点，检查应用效果显著，对银行业违法违规行为形成有效震慑。

三是机构管理能力进一步提升。以大数据监管应用为契机，督促银行业金融机构牢固树立数据资产意识，认识数据价值。各机构主动审视自身系统架构与数据质量，完善数据治理，挖掘数据价值，强化数据应用，风险识别防范和经营管理能力、服务实体经济能力显著提升。

◎ 重庆银监局建立银行业金融机构"五个维度"评价体系

重庆银监局探索出台《重庆银行业"五个维度"综合评价办法（试行）》，围绕发展贡献度、改革进步度、依法合规度、监管配合度、社会满意度五个方面，对辖内银行业金融机构开展全面综合评价，以主动适应新常态下监管任务多元化、监管对象多样化和监管方式协同化要求，拓宽评价维度，提升监管针对性和有效性。该评价体系在具体指标设计上，坚持现有现用原则，一方面综合集成了监管评

级、民生服务、绿色信贷、数据质量、消费者保护等现有评价办法及指标；另一方面增加了对依法经营、规范行为、改革进步、配合监管、落实国家和地方发展战略等方面的考核评价，共设置 5 大类 39 项指标，其中现有指标 34 个，占比 87%，新增指标 5 个，在节约监管资源前提下，有效覆盖多元化监管任务要求。

◎ 河北银监局创新研发信息平台，提升监管资源共享水平

2015 年，河北银监局主动顺应信息化、网络化的新形势，适应金融改革、业务发展的新要求，自主开发了"综合监管信息系统"，包括"综合文秘平台""法律法规平台""非现场监管平台""现场检查平台""内部管理平台"5 大板块，有效解决了信息丢失、沉睡、递减等问题，缓解监管资源与监管任务不匹配矛盾，把信息抓取、分析、处理、共享融入日常工作中，将静态信息和动态工作有机结合，实现监管信息优化共享，夯实监管基础，提高监管工作科学化水平。

（三）现场检查

革新现场检查的工作理念。遵循把牢服务实体经济、践行严密防范风险、坚持检查工作依法合规的三个基本导向。突出严查政策执行、严查风险隐患、严查违规经营和违法犯罪的三类检查重点。坚持定项目要准、查问题要实、抓规矩要严的三条工作标准。

搭建现场检查的工作框架和制度。理顺工作机制，归集统筹现场检查职能，初步实现现场检查工作由条线分立到集成统一。启动规制建设工作，强化现场检查制度的顶层设计，完善现场检查基础设施建设。完善现场检查重要规制，印发《现场检查暂行办法》，建立重大案件风险约谈告诫会议制度。

提高现场检查专业水准。根据机构改革发展的新需求和风险暴露演化的新特征科学规划检查项目，提高现场检查精确打击力度。建立现场检查人才库，做好入库人员的"选、用、育、留"工作。

华夏银行内部控制及资产质量检查组进场检查

银监会举办"2015 年现场检查业务培训班"

统一检查方案和处罚标准。创新现场检查应用方式，充分运用 EAST 系统，提升现场检查生产力。推动现场检查档案库和信息共享平台建设，提升现场检查管理水平。

◎ 吉林银监局深化 EAST 系统监管应用推广

2015 年，吉林银监局深化 EAST 系统在现场检查中的应用，并将应用范围拓展至农村商业银行清产核资验收。在对辖内 21 家银行业金融机构开展相关检查及清产核资项目中，运用 EAST 系统建立分析模型 98 个，筛选疑点数据 41,837 条，实现了从海量数据中发现问题疑点并进行精确打击的目的，极大地提高了检查效率。

专栏 19　重大现场检查项目

对大型商业银行的现场检查包括：对中国工商银行、中国银行、中国建设银行和交通银行江浙沪地区钢贸信贷风险状况进行现场检查；对中国银行法兰克福分行的风险管理情况进行现场检查。

对股份制商业银行的现场检查包括：对华夏银行、平安银行和恒丰银行内部控制及资产质量进行现场检查；对中信银行、中国民生银行、广发银行上海分行钢贸信贷风险状况进行现场检查。

对政策性银行、邮政储蓄银行和金融资产管理公司的现场检查包括：对国家开发银行和中国进出口银行境外授信情况，邮政储蓄银行案件防控情况，以及中国信达资产管理股份有限公司商业化业务进行现场检查。

对外资银行的现场检查包括：对德意志银行（中国）有限公司、渣打银行（中国）有限公司、花旗银行（中国）有限公司、东亚银行（中国）有限公司进行全面检查。

此外，还开展了涉及各类银行业金融机构的"两个加强、两个遏制"及"回头看"、大客户风险、票据业务、小微企业金融服务监管政策落实情况等多项专项检查。

专栏 20　银监会开展"两个加强、两个遏制"专项检查"回头看"

2015 年上半年，银监会组织开展了"两个加强、两个遏制"专项检查，查处纠正了一批违法违规问题，有效遏制了银行业违规经营、违法犯罪活动，大幅提升了银行业金融机构依法合规经营意识和自觉性。为巩固"两个加强、两个遏制"专项检查成果，加强长效机制建设，2015 年 9 月 14 日，银监会召开"两个加强、两个遏制"专项检查"回头看"工作动员（电视电话）会议，部署各银监局和银行业金融机构开展"回头看"工作。

"回头看"工作采取机构自查、监管检查和督查相结合的方式，重点检查两方面内容：一是已发现问题处理处罚落实情况；二是屡查屡犯问题，排查案件及操作风险隐患。通过"回头看"检查，成功堵截案件风险隐患 21 起，涉及金额 211.11 亿元；发现违规问题与违法隐患 5,802 个，涉及业务 2.88 万笔、金额 1.77 万亿元；追回资金 126.81 亿元，并在全面落实"两个加强、两个遏制"专项检查处理处罚要求的基础上，对新发现问题进行了严格问责。

（四）监管问责与处罚

2015 年，银监会通过各类现场检查，累计检查银行业金融机构 2.8 万家，罚没银行业金融机构总金额 5.3 亿元[①]，取消高级管理人员任职资格 68 人，采取审慎监管措施 3,207 项，责成被查机构处理人员 5.6 万人。行政处罚事项涉及银行业金融机构违法违规经营、从业人员违反内部制度等。

专题 7　银监会修订《行政处罚办法》

2015 年，银监会修订印发《行政处罚办法》，从六个方面对行政处罚进行修改和调整：一是明确"双罚"原则。明确规定银监会及其派出机构在处罚银行业金融机构时，应当依法对直接负责的董（理）事、高级管理人员和其他直接责任人员追究法律责任，区别不同情形给予行政处罚。二是强化调查取证规定和证据意识。对调查和取证环节作了全面、细致规定，提出了明确要求，以提高行政处罚质量，避免调查程序和证据瑕疵，保护处罚相对人的合法权益。三是确立行政处罚查审分离机制。监督检查部门负责立案、调查取证、提出行政处罚建议，行政处罚委员会办公室负责行政处罚案件的审理、组织听证和行政处罚委员会审议会议，行政处罚委员会负责审议决定行政处罚案件。四是建立行政处罚委员会集体审议决定处罚案件制度。规定设立行政处罚委员会，明确规定行政处罚委员会职责、议事规则、工作程序和决策机制，保障行政处罚的合法性、科学

性和公正性。五是严格工作时限要求、构建证据承认和转化制度。规定处罚各环节的工作时限，要求执法人员依法及时履职。同时，确认了执法证据转化承认制度，避免重复取证。六是建立行政处罚信息公开制度。明确要求行政处罚信息应当公开，并规定了信息公开的范围与方式，提高处罚工作透明度。

配套印发了《关于印发行政处罚委员会工作规则和行政处罚听证会规则的通知》和《关于印发行政处罚委员会议事规则的通知》，完善行政处罚工作机制，规定了行政处罚案件接收、审理、审议、听证、告知、决定、执行、结案、归档等各个环节的具体操作流程和规则。根据相关规则修订了行政处罚文书格式，在原来 11 种文书的基础上，修订新增 26 种文书，共 37 种文书。同步完成《行政处罚工作人员廉洁自律守则》《行政处罚职责分工表》和《行政处罚工作工作流程图》。

◎湖南银监局严肃问责小微企业金融服务数据质量问题

湖南银监局全面清查小微企业金融服务数据，真实反映小微企业金融服务成效，对数据质量问题

[①] 以实际划缴至银监会指定的罚款代收机构专用账户为准。

严肃内外部问责。2015 年，对 57 家错报小微企业金融服务数据的银行业金融机构实施行政处罚，累计罚款 1,170 万元，并责成其进行内部追责 261 人次。处理负有监管责任的银监系统工作人员 58 人，其中诫勉谈话 55 人次，责令作出书面检查 5 人次，取消当年评优评先资格 4 人次，通报批评 11 人次，调离工作岗位 3 人次，给予纪律处分 4 人次。

（五）监管交流与合作

1. 国内监管协作与信息共享

继续加强与其他金融监管部门、有关部委、地方政府的交流与合作。一是进一步深化与人民银行、证监会、保监会之间的协作和信息交流。协同人民银行修改完善交通银行深化改革方案；配合证监会完成证券账户清理工作，并自 2015 年 10 月起逐月向证监会提供证券投资信托业务数据。二是加强与有关部委、地方政府的协调配合。与最高人民法院、最高人民检察院、公安部开展涉案账户资金网络查控工

北京银监局与北京证监局、北京保监局共同建立北京地区银证保监管协调机制，强化日常工作交流，加强跨领域金融监管研究，探索开展监管合作

作，制定数据交互标准规范，逐步推进系统设计，架设专线实现网络互联；建立向财务公司所属集团和集团相关主管部门通报监管情况的常态化机制，向国资委通报中央企业财务公司 2014 年度监管情况；会同有关省级派出机构加强与地方政府的沟通，推动省政府加快农村信用社风险处置工作改革；组织开展省联社履职监管评价，并向各省级人民政府通报评价结果，促进省级政府有效落实农村信用社风险处置责任，充分发挥双层监管体制作用。

◎ 河南银监局强化内外联动，切实提升监管合力

河南银监局主动加强与公检法等部门联系沟通，协调河南省高级人民法院加强金融司法合作，力推金融审判法庭在全省实现全覆盖，已在全省法院系统设立了 99 家金融审判庭、33 家金融执行庭，在维护银行业合法债权方面迈出坚实一步。联合河南省公安厅建立"联合打击防范虚假信息诈骗犯罪工作机制"，成立河南省反虚假信息诈骗中心，加大打击防范违法违规力度，维护公正、公平的金融环境。

2. 跨境监管合作交流

（1）大力发展跨境监管双边合作关系。2015 年，银监会与新西兰储备银行、科威特中央银行、印度尼西亚金融服务局、立陶宛中央银行、英国审慎监管局签署了双边监管合作谅解备忘录或合作换文。截至 2015 年底，银监会共与 63 个国家和地区的金融监管当局签署了监管合作协议。

（2）积极开展跨境监管磋商。2015 年，银监会顺利完成第八次中日韩研讨会暨第六次副手会、第八次中美磋商、第八次中新磋商、第一次中英磋商等重要会议机制，并参加了东亚及太平洋地区中央银行行长会议组织（EMEAP）央行行长与监管当局负责人第 4 次非正式会议和 EMEAP 银行监管工作组（WGBS）第 38 次会议。建立跨部门技术磋商工作组，与相关国家监管当局开展具体条款的磋商和谈判工作，推动落实高层对话成果工作。

（3）积极参与多边和区域性合作机制。2015 年，银监会参与的多边和区域性合作机制主要包括：国际货币基金组织（IMF）、世界银行、二十国集团（G20）、联合国、经济发展与合作组织（OECD）、亚太经合组织（APEC）、东亚及太平洋地区中央银行行长会议组织（EMEAP）、国际金融协会（IIF）、中国—中东欧 16 国、中非论坛、上合组织、金砖国家、亚洲基础设施投资银行等。通过对世界银行等国际组织政策文件研提意见、参与 EMEAP 银行监管工作组会议、IMF 工作磋商，以及多项跨部委组织协调工作和各层次口径答复，进一步增进我国监管机构对多边 / 区域性合作机制的参与度。

（4）加强与中资银行境外机构监管当局的协作。2015 年，银监会与印度尼西亚金融服务管理局（OJK）代表团就银行业信息科技监管进行了专题交流；召开中国工商银行、中国农业银行、中国银行国际监管（核心）联席会议，加强与核心东道国监管当局之间的信息共享与监管交流。

（5）增进与在华外资银行母国 / 地区监管当局的沟通协作。2015 年，根据外资银行在华发展情况，在巩固深化与香港和韩国金融监管机构工作层定期监管磋商机制基础上，银监会与新加坡金融管理局建立了工作层定期磋商机制，并召开首次工作层磋商会议，交流新加坡银行在华银行经营、风险信息和监管关注。参加汇丰、渣打、德意志、大华银行等母国 / 地区监管当局组织召开的共 12 次国际监管联席会议，增进跨境监管合作。

（6）继续深入参与国际金融监管改革。银监会作为金融稳定理事会和巴塞尔银行监管委员会成员，通过参加全体会议、工作组和研究项目，参与国际金融监管改革议程设置、标准制定和评估实施，积极履行国际职责，充分反映中国国情，合理借鉴成功经验，不断完善我国银行业审慎监管框架。

专栏 21　第十二次国际咨询委员会会议（IAC）召开

2015 年 3 月 19 日至 20 日，银监会国际咨询委员会第十二次会议在北京召开。本次会议讨论的议题主要包括完善银行恢复和处置制度、提升商业银行公司治理水平、有效监管影子银行、应对互联网金融业务的风险与挑战、促进普惠金融和加强消费者保护等。银监会向外方委员通报了中国当前宏观经济金融形势以及银行业改革发展和监管创新等情况，重点指出了在新常态下，中国银行业必须及时作出调整，继续推进改革与

开放，不断完善监管体系，积极推动金融创新并全面推进银行业法治建设。外方委员们高度评价了中国银行业监管工作所取得的成就，并围绕银行业改革的重点领域，提出了一系列富有建设性的意见和建议。

专栏 22　第五次两岸银行业监管磋商会议召开

2015 年 9 月 14 日，第五次两岸银行业监管磋商会议在台湾成功召开。会议期间，两岸银行业监督管理机构交换了对经济金融形势的看法，并就进一步加强监管合作、推进两岸金融业双向往来等议题进行了深入交流。双方一致同意将继续深化监管合作，并商定于 2016 年在台湾召开两岸监管经验交流研讨会。双方将继续支持两岸银行业建立更紧密的业务合作关系，支持台湾银行业在大陆设立营业网点及开展业务。此外，在

符合两岸现行法律的基础上，双方积极支持两岸银行业机构探索开展相关股权合作事宜。

自 2011 年建立磋商机制以来，两岸银行业交流取得了长足进步。截至 2015 年底，共有 14 家台资银行在大陆设立了 2 家法人银行（下设 4 家分行、15 家支行）、26 家母行直属分行（下设 12 家支行）和 3 家代表处；大陆银行业金融机构也在台湾设立了 3 家分行和 1 家代表处，中国农业银行台湾代表处已获批准设立。

（六）内部建设

1. "三严三实"专题教育

根据党中央统一部署，自 2015 年 5 月开始，银监会系统在会机关和各级派出机构县处级以上领导干部，会管金融机构、各协会、中国农村金融杂志社中层以上管理人员中开展"三严三实"专题教育。系统各级党委把开展专题教育作为重大政治任务，始终贯穿问题导向，严格落实主体责任，牢牢抓住"关键少数"，高质量做好专题党课、专题学习研讨、专题民主生活会、整改落实和立规执纪等"关键动作"。系统各级党委书记和党委成员共讲专题党课 551 次，查摆出"不严不实"问题突出表现 627 个，坚持立行立改，抓好问题整改和立规执纪。

银监会党委坚持以上率下、示范带动，党委班子成员讲专题党课 17 次，其中党委书记尚福林同志讲专题党课 4 次；认真开展专题学习研讨，切实增强践行"三严三实"要求的思想自觉和行动自觉；按照中央要求，紧扣践行"三严三实"主题，组织召开高质量专题民主生活会。银监

会党委开展专题教育情况得到了中组部的充分肯定，中组部《"三严三实"专题教育情况通报》第 1 期、第 7 期和第 13 期介绍了银监会党委有关做法，11 月 21 日《人民日报》以《为民用权 依法用权 敢于担当》为题，对银监会党委"严以用权"专题学习研讨进行了报道。通过开展专题教育，银监会系统全体党员干部在思想、作风、党性上"补了钙""加了油"，为推动银行业改革发展和监管工作汇聚了强大动力。

银监会选送基于广东银监局基层党建实践制作的工作案例片《突出"五个服务"践行为民监管》获中组部 2015 年全国党员教育电视片观摩交流活动三等奖，是银监会、证监会、保监会中唯一获奖短片

2. 落实党风廉政建设主体责任和监督责任

2015 年，银监会纪委认真贯彻党中央、国务院关于加强党风廉政建设和反腐败工作的战略部署，切实执行中央八项规定精神，全面落实"两个责任""两个为主""两个全覆盖"，把党的纪律和规矩挺在前面，深化"三转"、

驻银监会纪检组长杜金富赴新疆调研

聚焦主业，围绕"四种形态"加强监督执纪问责，提高履职能力。银监会落实"两个责任"主要做了以下工作：

（1）持续推进纪律检查体制机制改革。落实"两个为主"，会纪委制定并实施纪委书记、副书记提名考察办法；强化"两个责任"，银监局和会管机构党委制定落实主体责任的办法细则；采取单独约谈和集体约谈相结合方式，多次约谈银监局和会管机构主要负责人和纪委书记，层层传导压力，督促落实"两个责任"；通过查办案件，倒查纪委监督责任的落实情况，对落实"两个责任"不力的问责 4 起。

（2）认真开展"讲党性守党规严党纪"主题教育活动。在内网开设了主题教育活动专栏，建立"清风话语"微信公众平台，约 11 万人关注。建立廉政知识考评系统，21,748 名党员干部

上网考试，合格率 100%。

（3）加强纪检监察信息化建设。银监会纪检监察信息系统上线运行，实现对信访件从转办、分办、流转，到线索处置、案件查办的全过程信息支持，推动人工登记向系统管理转变；规范线索处置流程，推动分散受理向集中受理转变；建立健全线索处置标准和程序，推动个别处置向集体决策转变；规范依纪监督执纪，推动案件查办向纪律审查转变。

（4）加大监督检查力度。抓住重要节点，盯住突出问题，开展专项检查。组织 6 个工作组，对 36 家银监局、8 家会管金融机构和中国银行业协会开展了全覆盖式的信访举报线索处置专项检查，推进信访处置案件查办标准统一、程序规范。共抽查了信访件和案件 800 余件，发现问题 90 项，提出整改意见 25 条。

（5）加强巡视和审计监督。通过巡视审计发现问题，问责倒逼责任落实，完成了对 4 家资产管理公司和招商银行共 5 家机构的专项巡视，对 2 个银监局开展了常规巡视，发现各类问题 260 个，提出整改意见建议 31 条；先后对海南银监局、浙江银监局等 13 个银监局主要领导干部进行了经济责任审计，对党校和银行业协会的专项审计，发现问题 140 项，提出意见建议 116 条。

（6）做好信访和案件查处工作。银监会系统收到信访举报 839 件，处置线索 626 条。银监会纪委及银监会派出机构纪委查处各类案件 23 起，涉及 30 人（局级 6 人、处级 15 人、处级以下 9 人），给予党纪处分 27 人次、政纪处分 13 人次，其中双重处分 10 人；各会管金融机构纪委查处违纪案件近千起，给予党纪处分 10 人次，行政处分近千次。涉嫌违法作出组织调查和批捕 10 人。2015 年共查处违反中央八项规定精神问题 15 起，处理 39 人，给予党纪政纪处分 14 人，并对违纪情况进行通报。

专题 8　中央第十二巡视组进驻银监会开展专项巡视工作

2015 年 11 月 3 日，中央第十二巡视组专项巡视银监会工作动员会召开，中央第十二巡视组组长武在平同志指出了此次专项巡视工作的目的、意义、任务，银监会党委书记、主席尚福林同志作了动员讲话。尚福林强调，此次专项巡视是对银监会系统各级领导班子和领导干部"把脉问病"和"政治体检"，体现了中央对银监会党委的高度重视和有力促进；银监会系统各单位各部门以这次专项巡视为契机，全面加强银监会系统党的纪律建设、作风建设

和干部队伍建设，切实把党委主体责任、纪委监督责任落到实处。

根据工作安排，巡视组主要受理反映银监会党委领导班子成员、下一级领导班子成员和重要岗位领导干部问题的来信来电来访，重点是关于违反六大纪律、中央八项规定等方面的举报和反映。为方便群众反映情况，设立举报电话、联系信箱和意见箱。巡视中结合单位实际，突出专项重点，坚持实事求是，历史、辩证、客观地看待问题，坚持把纪律和规矩挺在

前面，紧扣"六大纪律"和"四个着力"，按照"高标准、守底线"的要求，盯住"三个重点"，发现问题、形成震慑，剑指问题、倒逼改革，惩前毖后、治病救人，为全面从严治党、依法依规监管和全面深化改革提供有力支撑。

银监会系统各单位、各部门统一思想，振奋精神，同心同德，把配合做好中央巡视工作作为重大政治任务，作为当前工作的重中之重，集中精力抓紧抓好，诚恳接受、认真协助，主动配合中央巡视组开展工作。银监会党委成立了巡视工作配合领导小组，由尚福林同志任组长，杜金富、郭利根同志任副组长，党委巡视工作领导小组其他同志为成员；下设联络组及材料、协调、后勤等工作小组，全面配合做好巡视工作。各组人员坚持统筹兼顾，努力做到配合中央专项巡视与银行业监管工作"两不

误、两促进"，自觉服从巡视工作大局，认真做好联络协调、信访维稳、安全保卫、后勤服务等联络保障工作，确保沟通协调渠道畅通，配合工作及时到位，服务保障坚强有力。及时向巡视组就银监会纪检监察工作作专题汇报；按照巡视组安排，做好组织约谈的准备工作，中央巡视组提出的谈话对象，保证随叫随到，并客观、真实、全面、准确地反映情况；及时送达巡视组调阅的资料，确保巡视组及时充分了解有关情况。据不完全统计，巡视期间共提供 2007 年以来所有信访件 2,800 多份以及相关处理情况的卷宗及其复印件约 11 万页。对巡视组提出的问题，银监会高度重视，立行立改。巡视期间，银监会严肃查处 4 起局处级干部违纪案件，并报送中纪委网站公开通报。

3. 人力资源

截至 2015 年底，银监会系统员工总数 23,683 人。其中，银监会机关员工 662 人，银监局员工 5,626 人，银监分局员工 13,210 人，监管办事处员工 4,185 人，分别占系统员工总数的 2.80%、23.76%、55.78%、17.66%；女员工 8,564 人，占比 36.17%；本科及以上学历 19,932 人，占比 84.19%；45 岁以下人员 11,969 人，占比 50.55%。

4. 领导干部培训

银监会以理想信念和党性教育为重点，加强和改进干部教育培训工作，不断增强各级领导干部政治素质，提升党性修养。

（1）开展领导干部选调培训工作。按照中央统一部署，银监会领导班子成员参加了中央党校等院校省部级班学习，选调 35 名司局级干部参加中央党校等"一校五院"学习，选派 5 名司局级干部参加干部选学，银监会系统司局级干部进行干部网络学院在线课堂学习。

（2）以增强党性修养和强化领导力执行力为重点，抓好局级领导干部培训。举办 4 期深入学习习近平总书记系列讲话精神培训班，提升局级领导干部推进银行业改革开放、防范和化解金

融风险、强化金融服务水平的素质和本领。

（3）以培养严实作风和强化履职能力为重点，抓好处级领导干部培训。结合"三严三实"专题教育统一安排，紧密结合银行业监管形势任务，举办机关处长践行"三严三实"提高履职能力专题培训班，培训机关处长（含主持工作副处长）136 人，进一步提高履职能力，强化责任担当，推进机关处长队伍建设。

5. 员工培训

以提高监管有效性为目标，坚持问题导向，扎实推进监管业务培训，不断加强监管能力建设。银监会机关全年举办现场培训班次 35 期，培训人次 3,500 余人。

（1）班次设置分级分类。将培训项目细分为"深入学习贯彻习总书记系列重要讲话精神""全面推进法治建设"等 7 类，分级分类统筹推进各项监管业务培训。

（2）班次执行分级覆盖。领导干部层面强化政治意识、战略思维、领导艺术和世界眼光，监管骨干层面着力增强大局意识、责任意识和执行力，年轻干部层面着力夯实专业基础，加强实践锻炼，增强文化价值认同。

（3）抓好引智工作。围绕监管重点工作，举办赴英国"商业银行国际化战略及监管改革"赴韩国"金融服务小微企业监管"等专题班，强化从严管理。加强境外实习项目管理，推荐 12 人参加境外监管部门和金融机构工作实习。合理利用境外优质学历学位教育资源，推荐 22 人参加高层次境外公派留学项目学习。

6. 文化建设

了解干部员工思想动态，丰富职工文化生活，加强社会主义核心价值观教育，推进银监会系统监管文化建设。

（1）坚持文体活动群众化，打造"文体活动"之家。按照"服务职工、广泛参与、因地制宜、勤俭节约"的原则，鼓励

"青春风采杯"青年精品工作项目推荐展示活动

基层结合职工之家建设，以经常性活动和节庆主题活动相结合的方式开展好群众性文体活动。开展"送文体器材下基层"活动，向基层、一线和边远艰苦地区倾斜。

（2）做实"工会搭台，业务唱戏"劳动竞赛平台，营造爱岗敬业的监管文化。开展"审慎规制与监管统计"和

银行业青年岗位技能、服务水平"双提升"活动

"EAST 系统应用"等专题劳动竞赛，通过典型示范激发职工工作热情，提升监管队伍水平，助推监管中心工作。

（3）坚持职工关怀精细化，建设银监"和谐大家庭"。采取集中慰问和常态帮扶相结合的方式向系统困难职工发放慰问金，向西藏地区拨付专项资金改善驻村干部的生活条件，设立并发放女职工特殊疾病互助金。

（4）凝聚青年智慧力量服务银行业监管和改革发展。以"服务监管架构改革、服务监管质效提升"为主题，开展"青春风采杯"青年精品工作项目推荐展示活动，系统各级单位共推报 141 个青年精品项目。开展银行业青年岗位技能、服务水平"双提升"活动，推荐全国金融青年岗位能手和全国金融青年服务明星各 200 名，形成"金点子"创新方案 10,000 多个，涉及服务提升、产品创新、管理增效等方面。

7. 电子政务建设

2015 年，银监会按照国务院关于改进行政审批有关工作的要求，筹建行政许可事项受理大厅和配套的行政许可事项审批系统。目前，行政许可事项受理大厅已基本筹建完成，行政许可事项审批系统已正式上线运行。正式启用后，银监会机关行政许可事项全部纳入行政许可受理大厅集中受理。行政许可受理大厅将坚持"依法行政、为民监管"理念，严格规范审批行为，持续提升审批效率，深入推进行政审批公开、公正、透明，确保行政审批在"阳光"下依法有序进行。

◎贵州银监局开发"智慧（SMART）重点工作管理与考核系统"，提高督办效率

通过细化工作任务（Specify）、量化工作成果（Measure）、明确实现路径（Attain）、加强联动落实责任（Relevant）、设定完成时限（Time-limited），围绕"共建价值链，人人有贡献"工作理念，突出预警提示、动态监测、政务考核、学习经典四大功能，对重点工作任务实行信息化、精细化、全流程管理。

8.财务管理

2015年，银监会坚决贯彻中央关于勤俭节约的要求，厉行节约，科学理财，统筹兼顾，有保有压，最大限度地发挥预算资金使用效益，严控"三公"经费支出，缩减会议、差旅费等一般性支出，清理办公用房和公务用车，切实降低行政运行成本。财务资源向监管一线和监管重点倾斜和聚焦，直接用于现场检查、EAST等监管信息系统建设等项目的支出占到全年项目支出预算的48%。加大对促进小微、"三农"服务和小贷、金融消费者保护、融资担保监管等方面的资金投入，推动发展普惠金融。保障银行业深化改革顶层设计和审慎监管规制体系建设资金需求，推进政策和规制统筹，促进银行业金融机构的稳健经营。加强与国际组织及各国监管机构的交流与合作。结合"三严三实"教育专题活动，加大对监管队伍建设的资源投入，干部职工的政治素质和业务水平明显提高。

图9　2015年银监会各项目支出预算占全年项目支出预算的比例情况

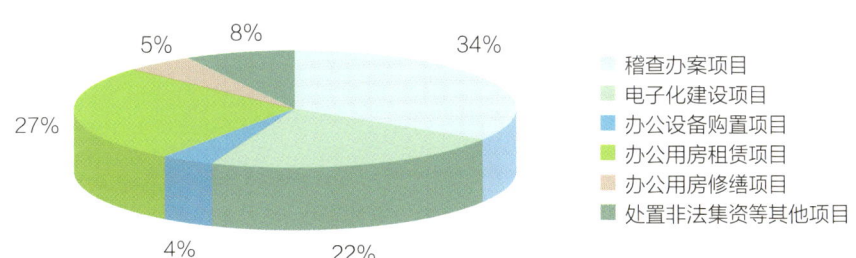

5%　8%　34%　27%　4%　22%

稽查办案项目
电子化建设项目
办公设备购置项目
办公用房租赁项目
办公用房修缮项目
处置非法集资等其他项目

第六部分

CBRC
Annual Report
2015

监管举措

- 审慎监管
- 机构监管

（一）审慎监管

1. 风险管理

（1）信用风险监管

一是强化全口径政府债务管理，防范地方政府融资平台贷款风险。继续按照"总量控制、分类管理、区别对待"的总体原则，加强对平台信贷融资和非信贷融资的并表监控。要求银行业金融机构通过严把新增贷款准入标准，控制平台贷款总量、优化平台贷款结构，积极探索市场化风险处置机制，防控和缓释平台贷款信用违约风险。

二是防控房地产信贷风险。继续加强对银行业金融机构房地产信贷风险的监测，严肃查处违法违规房地产信贷，强化重点城市和高风险地区的监测预警和风险处置。督促银行业金融机构严格执行国家房地产调控政策，不断提高房地产信贷风险管理能力，采取差别化信贷政策，在积极支持房地产

银监会副主席曹宇赴上海调研

开发企业满足合理融资和居民家庭合理住房贷款需求的同时切实防范相关风险。

三是全面防控表外业务风险。持续加强对表外业务风险监控和检查，密切监测表外业务风险敞口变化。督促银行业金融机构通过加强项目台账管理、建立产品交易对手案底制度等方式，提高风险识别的前瞻性和主动性，有效防范理财、票据、资产转让等表外业务风险。

四是推动社会信用体系建设，建立失信联合惩戒机制。与发展改革委、工商总局、税务总局、证监会等部门共同签署《失信企业协同监管和联合惩戒合作备忘录》等文件，明确规定将相关部门共享的信用信息提供银行业金融机构参考使用，指导银行业金融机构落实对失信行为的联合惩戒措施。

专栏 23　商业银行并表管理与监管

2015 年，银监会根据《关于印发商业银行并表管理与监管指引的通知》（以下简称《通知》）要求，重点推动商业银行全面完善并表管理体系，合理设定并表范围。其中，会计并表范围严格按照我国现行会计准则确定；资本并表范围按照资本监管等相关监管规定确定；风险并表范围符合被投资机构纳入并表管理范围的规定。提高并表监管强度，对集团及附属机构的公司治理、资本、财务、风险状况等进行全面评估。2015 年，在设定大型商业银行腕骨监管指标体系时，明确设定了包括附属机构资本回报率和母行负债依存度在内的两项并表机构情况相关指标的目标值和预警值，并对两项指标情况进行监测。

商业银行高度重视《通知》的各项要求，并表管理水平得到全面提升。一是普遍修订了并表管理相关制度，覆盖银监会并表管理新指引监管要点，厘清并表管理组织架构，落实各要素管理部门职责分工，强化附属机构的管理要求，确保银行管理架构和流程与监管要求有效衔接。二是完善集团并表风险管理体系，建立以各附属机构管理层为责任主体、以独立专业的风险管理部门为核心、与业务经营部门紧密联系、实现"三道防线"有效管控的矩阵式风险管理组织架构，加强集团统一风险管控。三是强化集团全面风险管理，完善子公司风险管理政策制度，建立与自身组织架构、业务规模和复杂程度相适应的全面风险管理体系，制定并表资本管理制度，完善集中度风险管理的政策、制度和流程，严格控制关联交易。

◎甘肃银监局强化大额授信风险防控

一是制定《关于推进建立银行授信总额联合管理机制的指导意见》，按照"总额控制、联合管理、共控风险"的基本原则，推动银行业金融机构实施联合授信和限额管理，加强同业协作和风险预警，从源头上防控"过度授信、盲目授信"。二是指导银行业协会出台《甘肃省银行业银团贷款实施办法》，进一步规范银团贷款业务，畅通银行间同业合作，有效防范大额多头授信风险。三是持续完善大客户授信联合监测机制，召开大客户风险联席会议，强化对辖内重点大型企业的监测分析，全面掌握大客户经营发展、信贷投向及还款状况，防控重点领域大客户风险在银行机构间的积聚和传导。2015 年辖内银行业金融机构多头授信率 10.7%，较上年下降 1.08 个百分点。

◎宁波银监局试点联合授信，防治"两链"风险

为有效防治银行多头授信、企业过度担保等突出性"两链"风险，宁波银监局印发《联合授信管理试点办法》，部署辖区 10 家重点银行机构先行先试，对授信总额 1 亿元（含）以上，且授信银行 3 家（含）以上企业的授信和担保行为进行联合管理试点。截至目前，已有 17 家企业（集团）进入试点名单，涵盖辖内银行授信 75.81 亿元。

（2）流动性风险监管

一是完善流动性风险监管政策。修订《商业银行流动性风险管理办法（试行）》，做好存贷比调整为监测指标后的流动性风险监管工作，提高商业银行流动性风险管理水平。制定《商业银行流动性覆盖率信息披露办法》，推动商业银行加强主动负债管理和流动性信息披露。

二是研究完善银行业金融机构流动性互助机制。探索试建城市商业银行流动性互助机制，开展农村商业银行流动性互助机制建设研究，充分发挥信托业保障基金作用，增强行业自律和自我救助功能。

三是组织开展流动性风险压力测试。完善流动性风险压力测试方案，指导商业银行完善压力测试方法，开展统一压力测试，提高流动性风险管理技术水平。

四是强化流动性风险监测预警。加强流动性覆盖率等新流动性风险监管标准的监测分析，对流动性风险较大的银行及时提示风险。督促银行业金融机构加强流动性预测分析，提高流动性风险管理的精细化水平。

◎大连银监局推动建立农村中小金融机构流动性互助机制成效初显

大连银监局推动辖内农村商业银行和村镇银行成立流动性互助基金。截至目前，互助基金规模 3.9 亿元，2015 年共为村镇银行提供流动性保障资金 19 笔，在实时反映银行经营动态、解决村镇银行流动性问题、提升村镇银行应对突发事件能力等方面成效显著。

（3）操作风险监管

一是完善操作风险防控机制。督促银行业金融机构确立符合本机构整体发展战略的操作风险管理组织架构和体系，充分发挥业务管理、风险合规、内部审计三道防线作用，提升内控管理水平，强化对分支机构和基层网点的风险管控。印发《关于加强银行业金融机构内控管理　有效防范柜面业务操作风险的通知》，推动银行业金融机构规范运营，有效防范柜面业务操作风险。

二是明确案防主体责任。督促银行业金融机构落实案防主体责任和第一责任人的责任，建立清晰明确的内部案防工作责任体系。建立案件约谈工作机制，印发《关于银行业重大案件（风险）约谈告诫有关事项的通知》，建立对银行业重大风险（案件）的发案机构主要负责人进行约谈告诫的工作机制。

三是继续保持案件防范高压态势，突出大要案查处，以查促防。加强案件现场核查和督导，深入分析管理漏洞，指导银行业金融机构减少或挽回损失。针对案发已暴露的风险，印发案情通报，预警案件风险。进一步密切与财政、审计、公安等部门的沟通配合，加大银行业金融机构移送案件力度。

专题 9 银监会推动银行业金融机构加强内控管理 有效防范柜面业务操作风险

2015 年，银监会印发《关于加强银行业金融机构内控管理 有效防范柜面业务操作风险的通知》（以下简称"《通知》"），推动银行业金融机构规范运营，有效防范外部欺诈和内部舞弊引发的案件和风险事件，切实加强柜面业务操作风险防控，更好地保护银行业消费者合法权益。《通知》分别从制度顶层设计、重点环节防控、客户服务管理、危机处置以及加强监管等方面提出了具体要求。

一是严守业务管理、风险合规及审计监督"三道防线"，加强内控体系建设，落实主体责任。针对开户、资金汇划、对账、印章凭证管理及账户监控等五个柜面业务关键环节，提出明确具体的监管要求。同时，督促银行业金融机构加强对代销业务的管理和对客户个人信息安全的保护。

二是重点领域严密设防，更加强调过程管理和行为管理。要求银行业金融机构定期组织内部控制有效性专项评估以及内审、合规和业务管理条线定期自我排查，着重检查基层营业网点、重点业务岗位内部控制制度的完备性及执行的严肃性，防止内部操作风险和违规经营行为。同时加强技术防控，在营业网点现金区全面实施同步的录音录像，加快推进银行理财产品和代销产品销售的录音录像工作，加强监控员工操作行为。

三是加大问责力度，确保已经发生的风险事件处置的程序公平、方式合理、结果公正。实行涉事机构所在一级分行和总行业务条线的双线查处及双线整改问责。在对风险事件直接责任人进行严肃问责的同时，对管理不尽职、履职不到位的机构负责人和业务条线管理人员也要严格认定责任并严肃问责。对于性质严重、负面影响大的风险事件，要比照案件问责标准严肃问责，并建立内部举报核查制度。

四是加强对社会公众的服务和宣传。提示公众强化"五个警惕"，即警惕高息诱惑，警惕资金掮客，警惕他人代办，警惕附加承诺，警惕信息泄露，进一步提高公众资金和信息安全的自我保护意识。

《通知》的实施，有助于银行业金融机构建立健全内部控制制度，特别是有助于基层营业网点、重点业务岗位的内控制度的补充完善，有效防止内部操作风险和违规经营行为，充分保护广大银行客户的合理合法权益，促进银行业的安全稳健运营。

◎ 中融信托公司"在线视频面签系统"正式上线运行

为进一步规范投资类项目的推介过程，有效防范操作风险，中融信托公司于 2015 年 12 月 1 日上线运行"在线视频面签系统"。该系统由公司视频坐席人员通过远程视频的方式为签约现场客户统一进行产品推介，其推介与合同签署过程均通过视频面签系统进行录制留档。同时，通过对业务人员进行岗前培训、编制配套管理文件、录制面签推介过程视频模板等措施，确保视频面签推介过程环节完备、合规，进一步提升风险管理水平。

◎ 深圳银监局深入开展"飞单"专项整治工作

为加强辖内银行业代理销售行为管理，打击私售行为，深圳银监局深入开展"飞单"专项整治工作，通过银行自查、外部暗访、监管督查"三查"相结合的方式，共排查 31 家银行近百万条信息，查实可疑账户 33 个，责令处理从业人员 28 人，暂停 3 家支行相关业务，形成严查严打局面。同时，构建"飞单"防治长效机制，要求银行严格执行员工行为监督、规范销售行为、提升"技防"手段等八项举措。制定重大"飞单"事件认定标准，并与监管评级和准入双挂钩，探索制定"三张负面清单"，加大违规惩戒力度。加强多方联动，与深圳市公安局等协商构建分工合作机制，实现联合整治。

深圳银监局督促辖内商业银行在理财区域放置"飞单"风险提示

◎ 广东银监局全面实现辖区银行网点"双录"

针对近年来操作风险事件及银行理财和代销产品销售信访投诉剧增的情况，为维护金融市场秩序和消费者合法权益，广东银监局积极推动辖内银行网点实施理财和代销产品销售录音录像工作。要求银行对高风险理财产品和其他代销产品销售过程实施录音录像同步监控（即"双录"），录音录像产品涵盖商业银行营业网点销售的高风险理财产品及除国债、货币基金、债券基金、贵金属、一年期（含）以下保险之外的所有代销产品。截至 2015 年底，辖内城乡 13,071 个网点已全部实现"双录"，合计安装录音录像设备 21,208 套，共录制"双录"影音文件 25.65 万笔。

中国建设银行广东省分行营业部对购买代销产品的客户进行"双录"

（4）市场风险监管

2015 年，银监会继续督促银行业金融机构不断加强市场风险管理体系建设，落实风险责任，完善金融市场风险分析框架、管理政策和程序，及时准确研判利率、汇率风险，积极应对利率市场化改革和汇率市场波动。指导银行业金融机构通过追踪重要监管数据变化情况，充分识别、准确计量、持续监测所有交易和非交易业务中的市场风险，充分计提资本。加强压力测试，对市风险有重大影响的情形制定应急处理方案,前瞻性做好市场风险防控工作。加强外汇敞口头寸管理,加强外汇走势跟踪研究。

（5）国别风险监管

一是督促银行业金融机构将国别风险管理纳入全面风险管理体系,按照《银行业金融机构国别风险管理指引》,积极加强国别风险准备金计提制度建设,不断完善国别风险管理体系。加强对国别风险的识别、计量、监测和控制,提高国别风险评估能力。高度重视银行跨境反洗钱合规风险,及时跟踪银行境外大额信贷风险,防范跨境业务风险。

二是持续完善外资银行母行相关风险信息库,建立国别信息收集工作机制,监测外资银行母行外部评级、财务状况、经营风险的重大变化,以及母国监管机构监管政策的重大变化及其对母行实施的重大监管措施等情况,及时研判风险,采取措施,警惕跨境风险传播。

三是加强对银行业金融机构境外业务的现场检查力度,持续重点关注银行业金融机构的国别风险管理能力,对管理能力薄弱的银行业金融机构提出明确的整改要求,督促切实提高国别风险管理水平。

（6）信息科技风险监管

一是加强商业银行信息科技风险动态监测。印发《关于印发商业银行信息科技风险动态监测指标（试行）及试点实施方案的通知》,建立商业银行信息科技风险动态监测指标体系,提升商业银行风险监测的及时性和前瞻性,增强风险预警能力。

二是强化银行业科技外包系统性风险监管。加强外包风险监督和管控要求,整合行业力量对高集中度外包服务开展科技风险核查,加强标准引领,促进外包服务规范化和行业自律。

三是推进信息科技监管评级。进一步扩大评级范围,细化评级要素,首次将外资银行纳入科技评级评价,编制外资银行评级指标体系和评分标准。通报银行业金融机构信息科技监管评级情况,发挥监管评级的行业引导作用。

四是加强网络和信息安全风险防控。组织全国性银行业金融机构建立银行业金融机构网络安全风险会商机制,实施对不同规模、类别银行业金融机构的互联网系统安全风险渗透测试,开展手机银行安全自查、信息安全内部控制能力和互联网系统安全评估工作质量核查。加强银行业网络安全风险信息共享和快速响应机制建设,提高行业风险感知和协同应对能力。

五是加强信息科技日常监管和突发事件处置。及时向银行业金融机构通报信息科技风险事件,督促银行业金融机构吸取教训,加强管理,严守风险底线。

◎辽宁银监局完成信息科技分类监管框架研究

编制信息科技治理、信息科技风险管理、信息安全等9大领域监管明细表,明确15类不同类别、不同级别银行机构的信息科技监管重点,对照800余项监管指标,确定高、中、低三个级别达标要求,从而形成差异化、有针对性的监管框架。并将分类监管框架与辽宁银监局信息科技现场检查辅助系统进行整合,应用于日常现场检查,极大地提高了信息科技风险现场检查效率和质量。

（7）声誉风险监管

一是推动加强声誉风险管理。督促商业银行完善声誉风险管理工作机制，重点针对基层一线员工和新员工开展声誉风险管理培

邀请央视等中央媒体专家讲授新闻宣传引导工作

训,组织风险排查和应急演练,提升声誉风险意识。加强风险提示,有效推动化解声誉风险,2015年,共提示银行业违规、案件等风险事件 180 余条, 推动解决舆情事件问题 100 余项。

二是深化声誉风险量化评估体系研究。对近年来声誉风险事件、商业银行管理现状进行调查梳理，进一步界定声誉风险的构成因素和评估方法，建立商业银行声誉风险管理评价模型，并进行了初步试评，为将声誉风险管理纳入全面风险管理框架、有效开展差别化监管提供可操作方案。

三是通过多元化手段,提升声誉水平。推动银行业金融机构在声誉风险管理中积极用好新媒体,借助自媒体等手段加大信息公开和形象宣传力度。推动建立银行业微博微信发声矩阵,积极回应行业热点,多渠道传播银行业声音;组织"微传播"活动,以更"接地气"的对话方式拉近银行与百姓距离,进一步树立银行业良好形象。

◎ 安徽银监局强化声誉风险监管

一是建立声誉风险激励约束机制,将各银行业金融机构信访、消费者保护、舆情工作等情况纳入监管评级。二是建立新闻舆情与案防排查联动工作机制,实现以舆情事件作为案件排查线索,以案件作为舆情预警内容的双向联动。三是建立联合接访接诉机制,根据各银行业机构信访投诉处理情况,要求投诉较多的银行派员参与监管部门的联合接访接诉工作,切实提高消费者保护意识,避免声誉风险。四是健全与银行业的协作机制,出台《关于建立完善银行业新闻信息舆情协作机制的通知》,开辟银行业新闻舆情协作网上交流平台,加强新闻舆情的监测、分析和引导,协同应对银行业整体重大负面舆情、敏感问题及突发事件,切实维护了安徽银行业良好声誉。

（8）风险处置与市场退出

一是进一步完善风险化解和市场退出机制建设。探索建立适合我国国情的银行业金融机构处置和破产法律体系,推进金融市场退出机制常态化、规范化。指导大型商业银行制定恢复处置计划,充分发挥信托业保障基金化解和处置信托业风险的功能,维护金融安全与稳定。

二是大力推进城市商业银行风险处置工作。召开高风险行风险处置工作会，印发关于高风险城市商业银行风险处置工作的指导意见，推动风险较高的城市商业银行实行"一行一策"，制定风险防控与处置方案，明确目标和监管措施，压实责任。落实属地监管责任，做好 9 家高风险行的风险处置工作。

三是加快推进农村信用社高风险机构风险处置化解。2015 年成功处置了河北蠡县农村信用社等近 30 家高风险机构，并同步改制组建为农村商业银行，有效维护了区域金融稳定。

专栏 24　银监会严防非法集资风险

2015 年，银监会切实发挥处置非法集资部际联席会议牵头作用，组织召开部际联席会议及联络员会议，统筹安排全年工作重点。注重风险研判和工作调研，研究起草《国务院关于进一步做好防范和处置非法集资工作的意见》（国发〔2015〕59 号），积极健全、完善防范和打击非法集资工作机制。狠抓非法集资监测预警，部署开展非法集资风险专项排查活动、非法集资专项整治活动，努力防范化解非法集资风险。进一步加大宣教培训力度，采取主流媒体宣传、封堵涉非信息传播、开展宣传月活动、举办业务培训班等方式，着力提高社会公众法律意识和风险意识。持续强化案件协调督导工作，扎实推进重大案件（事件）的处置进程，及时开展新发案件（风险）督导工作，有力维护社会稳定。

2. 内部控制

一是强化公司治理。进一步明确董事会、监事会在加强内部控制建设方面的履职评价标准，合理确定职责边界，组织监管会谈，及时传导监管政策和要求。推动商业银行完善公司治理基础建设，优化股权结构，建立规范有序、高效运行的现代金融企业治理机制。

二是加强现场检查。对多家商业银行开展了内部控制专项现场检查，督促商业银行健全贷款"三查"制度，对同业业务、结构化融资、理财产品等类信贷业务做好尽职调查、风险审查和投后风险管理，切实提升内部控制的执行力和贯彻力。

3. 资本充足率

2015 年，银监会继续以《商业银行资本管理办法（试行）》（以下简称"《资本办法》"）实施为契机，完善资本监管制度，推动商业银行提高风险管理和资本规划能力，辅导商业银行拓展资本补充渠道，提高银行业稳健经营能力。

对银行业实施《资本办法》的情况开展全面调查评估。《资本办法》实施以来，商业银行着力提高风险管理和资本管理水平，并取得了多方面的进展：一是商业银行资本约束理念逐步深入，

资本充足率成为约束商业银行经营行为的"硬约束"指标;二是风险计量和风险管理有所改善,资本监管信息系统研发投入、数据自动化程度不断提高;三是资本工具创新取得实质性进展,二级资本债券发行成为银行补充资本的重要途径,优先股发行由试点阶段转入常态化。

截至 2015 年底,商业银行加权平均资本充足率为 13.45%,同比上升 0.27 个百分点。其中核心一级资本充足率 10.91%,同比上升 0.35 个百分点;一级资本充足率 11.31%,同比上升 0.55 个百分点,绝大部分商业银行能够满足《资本办法》规定的资本充足率监管要求。

◎ 江苏银监局支持辖内法人机构创新资本工具和增资扩股

指导南京银行定向增发普通股 80 亿元,发行优先股 49 亿元,发行二级资本债券 100 亿元;支持辖内 10 家农村商业银行通过利润转增、资本公积转增、盈余公积转增、定向募集股金等方式增资扩股,注册资本合计增加 11.62 亿元,同时支持 6 家农村商业银行发行二级资本债券 74 亿元;指导辖内 3 家财务公司开展增资扩股,注册资本分别增加 2 亿元。

4. 资产质量

一是消化存量不良。加大不良贷款核销力度,做到"应核尽核",加快不良贷款市场化处置,探索开展不良贷款资产证券化和不良资产收益权转让试点,提高不良贷款处置效率。

二是盘活潜在不良。深入排查多头授信、超额授信、异地授信、担保圈等风险隐患,积极采取贷款重组、重签合同、收回再贷以及推动企业兼并重组等方式,盘活信贷资产,提升贷款质量。

三是防范新增不良。加强贷款全流程管理,严把三个"真实":贷前调查要严把真实信贷需求,防止以虚假合同套取银行资金;贷中审查要严把真实风险缓释,防止风险的持续积聚;贷后检查要严把真实贷款用途,大额贷款强调受托支付,防止贷款挪用。

专栏 25 商业银行不良贷款情况

截至 2015 年底,我国商业银行不良贷款余额 1.27 万亿元,较年初增加 4,319 亿元;不良贷款率为 1.67%,较年初上升 0.43 个百分点。从地域和行业集中度看,不良贷款由东部沿海地区向中西部地区扩散,主要集中在低端制造业、贸易型行业和资源能源行业等传统行业。从企业规模和客户规模类型看,不良贷款由小微企业向大中型企业扩散,并由企业客户向个人客户扩散。

从业务属性看,不良贷款由表内信贷业务向非信贷和表外业务传递。

截至 2015 年底,商业银行拨备覆盖率为 181.20%,较年初下降 50.90 个百分点;但商业银行资本充足率保持在 13.45% 的水平,核心一级资本充足率较年初有所上升,在持续经营条件下吸收损失的能力仍然较强,应对不良贷款的资源相对充足。银行业金融机构在不良资产核销力度增强和盈利压力加大的形势下，依然积极筹措贷款损失准备金，增强风险防范能力。

2015 年，受宏观经济下行压力的影响，商业银行不良贷款呈"双升"态势，但银行业整体保持了较强的风险抵补能力，守住了不发生系统性、区域性风险的底线。

5. 损失准备金

2015 年，银监会强化政策引领，指导和督促银行业金融机构在做实资产质量、准确风险分类的基础上，足额计提损失准备，充分覆盖风险损失。银监会派出机构推动辖区银行业金融机构加大计提拨备力度，提升风险抵补能力。截至 2015 年底，商业银行贷款损失准备 2.3 万亿元，拨备覆盖率 181.2%，贷款拨备率 3.0%。从机构类型来看，大型商业银行、股份制商业银行、城市商业银行、农村商业银行和外资银行拨备覆盖率分别为 171.7%、181.0%、221.3%、189.6% 和 196.1%。

6. 风险集中

2015 年，银监会继续高度重视集中度风险监管，严防大额授信集中度风险，严格执行授信集中度风险监管要求。督促银行业金融机构积极调整优化授信结构，加强限额管理与总量控制，全面提高集中度风险管理水平，防范集中度过高带来的系统性风险。

（二） 机构监管

2015 年，银监会以体制机制改革为核心，不断完善监管政策，改进非现场监管手段，持续监测重点领域风险状况，督促银行业金融机构全面深化改革，加强风险防控长效机制建设，提升全面风险管理能力和金融服务质效。

1. 政策性银行和邮政储蓄银行监管

（1）国家开发银行及政策性银行监管

推动国家开发银行和政策性银行找准定位、大力改革，加强风险防控。督促国家开发银行落实深化改革方案精神，充分利用服务国家战略、依托信用支持、市场运作、保本微利的优势，完善开发性金融机构运作模式，合理界定业务范围；建立国际业务准事业部制管理架构；建立健全风险责任追究机制，强化风险防范意识；加强地方政府债务甄别确认；规范与小额贷款公司的合作。

印发关于国家开发银行债信政策相关通知，明确对该行资金来源的支持政策。鼓励指导中国进出口银行强化政策性职能定位，提升资本实力，建立规范的治理结构和决策机制，充分发挥在稳增长、调结构、支持外贸发展、实施"走出去"战略中的功能和作用；设计完成全面风险管理体系建设方案；加强国别风险监测分析，强化国别风险限额管理，有效防控境外贷款项目风险。推动中国农业发展银行以政策性业务为主体，明确责任和风险补偿机制，建立以资本充足率为核心的约束机制；加强基层网点管理，大力整治基层员工违规操作问题，强化案件风险和操作风险防控。

（2）邮政储蓄银行监管

推动邮政储蓄银行深化改革发展。指导邮政储蓄银行引进境内外战略投资者，为向现代商业银行转型打下良好基础；开展内部资本充足性评估，建立健全长效资本补充机制；发行 250 亿元次级债，进一步增强风险抵补能力；优化资产负债结构，建立效益优先、兼顾质量的经济资本配置机制。印发《关于促进邮储银行审慎经营稳健发展的监管意见》，要求该行加快建立现代商业银行体制机制，全面提升经营水平和风险管控能力，对小微企业、"三农"金融服务进行长远规划，践行普惠金融。印发《关于印发邮政储蓄银行代理营业机构管理办法（修订）的通知》，督促该行加强代理营业机构的机构管理、业务管理、人员资格管理和委托代理行为管理，建立规范透明的委托代理机制。

2. 大型商业银行监管

一是推动资本管理高级方法的实施运用。督导大型商业银行深入应用资本管理高级方法，进一步优化管理流程，探索将资本管理高级方法全面融入日常经营管理。开展中国农业银行和中国银行资本管理高级方法申请事项的核准前评估，首次覆盖境外核准项目，推动母行风险管理架构、政策、流程、系统向海外延伸落地，助力大型商业银行集团实现境内外风险"一体化"管控。

二是持续加强系统重要性银行的监管。召开中国工商银行、中国农业银行、中国银行国际监管联席会，深入了解大型商业银行境外机构业务发展和监管环境的最新变化。在跨境危机管理工作组框架下，组织开展中国工商银行、中国银行的可处置性评估，填补监管空白；成立中国农业银行跨境危机管理工作组（CMG）；起草跨境危机管理工作组成员之间的《全球系统重要性银行恢复处置跨境合作协议》；指导中国工商银行、中国农业银行、中国银行做好恢复处置计划等相关工作；督促指导 2015 年列入全球系统重要性银行名单的中国建设银行做好相关工作。

三是督促提升全面风险管理能力。编制大型商业银行《机构概览》，改进大型商业银行监管月报、季报和资本管理高级方法执行情况季度报告，加强数据分析和风险提示。印发大型商业银行有效风险数据加总和风险报告有关事项的通知，推动大型商业银行加快系统建设和风险数据管理能力，提升科学决策水平。督促大型商业银行认真开展压力测试，用好压力测试结果；结合恢复处置计划的制定工作，全面梳理管理薄弱环节，提升风险处置能力。

3. 股份制商业银行监管

一是理顺监管体系,强化风险防范。完成与 8 家股份制商业银行原属地监管局的档案移交和工作交接,由全国性股份制商业银行监管部负责承担全部 12 家股份制商业银行的监管职能。召开审慎监管会谈,梳理完成年度机构概览;加强风险监测和风险事件、风险苗头、违规行为处置力度;及时叫停以监管套利为目的的金融创新;建立股份制商业银行舆情监测和快速反应机制,有效应对重大突发事件。

二是推动股份制商业银行转型发展。支持符合条件的股份制商业银行实施国际化发展战略,批复设立境外分行 4 家、代表处 1 家,设立或收购附属公司 4 家。支持股份制商业银行多渠道补充资本,批准浙商银行增资扩股和 H 股上市融资,中信银行非公开发行 A 股股票,4 家银行非公开发行优先股,6 家银行发行二级资本债。

三是审慎支持金融创新。持续跟踪研判创新型业务的合规性及风险,督促合法合规创新。支持股份制商业银行创新不良贷款处置方式,探索运用收益权转让模式拓宽不良贷款处置渠道。稳妥推动资产证券化试点,12 家股份制商业银行已全部获得资产证券化业务资格,共备案 32 笔信贷资产证券化项目,总金额 1,262 亿元。

4. 城市商业银行和民营银行监管

一是加快城市商业银行改革重组,深化城市商业银行差异化发展,加强风险防范与处置。指导城市商业银行规范股权管理、提升公司治理、做好信息披露,通过增资扩股、境内外上市、发行新型资本工具等多种方式补充资本。在依法合规、防控风险的前提下,鼓励条件成熟的城市商业银行开展同业业务、资金业务的专营化改革。按照分类监管原则,支持有条件、有能力的城市商业银行推进多元化发展。实施"领头羊计划",遴选 12 家"领头羊"银行,了解其个性化发展需求,制定差异化支持政策,发挥示范带头作用。实施"帮扶计划",明确重点机构和重点风险,逐一制定监管目标和措施,落实属地监管责任,加大政策督导和业务指导,推动其及时化解风险、重回健康轨道。率先处置高风险银行,重点帮扶关注类银行。研究起草城市商业银行流动性互助基金设立方案,在 2015 年度城市商业银行年会上发布"建立城市商业银行流动性互助合作机制倡议书",组织 20 家常委行签署城市商业银行流动性互助合作公约,协同防范流动性风险。

二是完善民营银行监管机制,促进民营银行稳健发展。出台《关于促进民营银行发展的指导意见》,为民营银行常态化发展奠定制度基础。按照风险防控和创新发展并重的监管思路,开展民营银行持续监管工作。支持民营银行围绕差异化、特色化发展的总体要求,结合自身优势,在细分市场中探索发展定位、优化展业模式,实现与其他商业银行的互补发展和错位竞争。

5. 农村中小金融机构监管

一是紧扣支持实体经济，推进农村中小金融机构改革与转型发展。在落实支农服务承诺、确保改制质量的前提下，积极稳妥推进农村商业银行组建。围绕省联社淡出行政管理、强化服务功能的相关要求，组织对 25 家省联社履职情况进行全面评价，深入推进省联社区域审计中心改制，推动省联社切实提高履职服务能力。完善村镇银行培育发展政策，加快推进村镇银行集约化规模化发起，积极引导村镇银行向中西部地区、产粮大县和小微企业集中地区布局。督促农村中小金融机构以农村金融服务"三大工程"为抓手，协同建设线上线下渠道，深度融合网点优势、客户优势与信息技术，努力打通金融服务"最后一公里"。

二是着眼提升监管质效，加强监管指导。坚持存量风险和增量风险、重点业务和重点区域、显性问题和潜在隐患"三个一起抓"，重点强化对信用风险、流动性风险、操作风险、投资业务风险等领域的指导提示。深化监管指导座谈会、村镇银行联动监管会谈和省联社三方监管会谈机制，采取递进式监管措施，共同会诊风险问题。指导推进问题机构风险处置，成功完成河北蠡县农村信用社等高风险机构改制组建。

6. 外资银行监管

一是不断提高监管履职效能。由外资银行监管部全面履行对汇丰中国、东亚中国和渣打中国 3 家在 15 个以上省（区、市）设立一级分支机构的外资法人银行的监管主体责任。深化外资银行跨境监管合作，拓展工作层磋商机制覆盖范围，定期举行双边工作层监管会谈，加强国际监管联动。建立外资银行监管信息共享机制，不断提升外资银行监管信息和成果在系统内的共享和应用水平。

二是支持外资银行差异化定位、特色化发展。督促外资银行明确在华发展战略和业务规划。鼓励外资银行依托境内外金融市场和资源，创新产品和服务，帮助企业降低融资成本、规避金融市场风险；借鉴母行良好做法，发挥母行业务特色和优势，支持符合国家产业政策和行业标准的能效项目，促进绿色产业发展；利用全球网络和跨境经营优势，提供符合中资企业"走出去"战略需求的产品和服务，发挥国际化经营的示范效应。

7. 信托公司监管

一是统筹加强信托制度体系建设。积极研究建立分类经营机制，指导中国信托业协会制定《信托公司行业评级办法》，着手修订《信托公司监管评级与分类监管指引》；推进落实信托公司受托责任，指导中国信托业协会起草《信托公司信托业务尽责指引》；研究修订净资本管理制度，起草《关于信托公司净资本计算标准有关事项的通知》。

二是建立全方位的监管评价机制。组织开展涵盖 32 家派出机构和 41 家信托公司的信托监管有效性交叉检查，对相关银监局政策实施、风险监管、市场准入、合规监管和监管问责等五个方面进行了全面检查和评价。

三是研究建立信托业务分类体系、非现场监管报表体系、风险监管指标体系等三大体系，着力夯实信托业风险监管基础工作。研究符合信托业务特点风险分析框架和方法，紧盯重点风险领域和主要风险类别，提高风险识别、计量、监测和控制能力，维护行业稳健运行。

8. 其他非银行金融机构监管

一是持续推进金融资产管理公司改革发展。指导中国华融资产管理股份有限公司在香港 H 股成功发行上市；指导中国长城资产管理公司、中国东方资产管理公司制定完成转型改制方案。加强监管法规制度建设，推动出台《金融资产管理公司开展非金融机构不良资产业务管理办法》。

银监会主席助理杨家才赴青海调研

加强非现场监管，修订《金融资产管理公司非现场监管报表指标体系（试行）》。

二是持续完善金融租赁行业发展政策环境。推动《关于促进金融租赁行业健康发展的指导意见》相关政策尽快落地。研究拓宽金融租赁公司中长期资金来源渠道，支持符合条件的金融租赁公司设立专业子公司，积极开拓国际市场。

三是积极引导企业集团财务公司坚持服务集团资金集中管理的基本定位。修订完成《企业集团财务公司监管评级与分类监管办法》，首次尝试建立与行业评级体系有机结合的监管评级体系，对企业集团财务公司外部市场评级进行规范。

四是推进消费金融公司发展。按照成熟一家、审批一家的原则，将原在 16 个城市开展的消费金融公司试点推广至全国。

五是促进汽车金融公司和货币经纪公司稳健发展。支持符合条件的汽车金融公司通过发债、证券化等手段拓展中长期融资渠道，改善流动性管理。加强对汽车金融公司经销商、商用车和工程机械贷款等重点风险领域的监测。关注货币经纪公司操作风险和合规风险，督促货币经纪公司合规稳健经营。

银监会系统职工摄影作品

第七部分

银行业消费者保护与教育

- 强化银行业消费者权益保护规制建设
- 督促银行业金融机构履行职责
- 加强金融知识宣传普及

（一）强化银行业消费者权益保护规制建设

1. 强化消费者保护工作体系

2015 年，银监会印发《关于 2015 年银行业消费者权益保护工作的指导意见》，推动各派出机构、各银行业金融机构全面落实银行业消费者保护工作职责。一是全面完善制度体系和组织体系。推动建立健全消费者保护监管法规体系，完善多层级投诉处理机制，强化消费者保护队伍建设，进一步做实银行业消费者权益保护高层指导委员会职能。二是全面落实主体责任。要求各派出机构落实行为监管职责，依法查处侵害消费者权益的违法违规行为，加大责任追究和惩戒力度；督促银行业金融机构依法规范经营，并将消费者保护情况纳入内部综合考核评价指标体系，切实承担起保护消费者的主体责任。三是全面强化分析考评。完善消费者保护考核评价内容，探索建立消费者保护统计分析体系，不断提高消费者保护监管的科学性、准确性。四是全面开展教育培训。推动建立教育长效机制，有效完善公众服务区建设，提升消费者保护工作整体水平。

2. 完善存款安全和个人信息安全管理制度

2015 年上半年，全国发生多起存款纠纷事件，暴露出部分银行业金融机构存在内控制度执行不力、员工管理不到位等问题。银监会依法查处相关责任银行，严格处理当事人和相关责任人；并督促各银行业金融机构进行全面风险排查，梳理业务流程，深查严纠管理漏洞。印发《关于加强银行业金融机构内控管理 有效防范柜面业务操作风险的通知》，督促银行业金融机构加强柜面业务流程控制，确保根据客户真实意愿办理业务；加强对账管理，帮助客户实时掌握账户资金变动情况；加强客户信息安全管理，防止客户信息泄露；加强营业场所管理，严防不法分子在银行营业场所从事非法或违规活动，切实保障银行客户合法权益。

3. 健全银行业消费纠纷解决机制

2015 年，银监会继续按照"协调处置"原则，持续健全、完善银行业消费纠纷解决机制。
一是依法处理消费者投诉，协调银行业金融机构和消费者解决消费纠纷，督促银行业金融机构针对投诉暴露的问题积极改进产品和服务，引导消费者依法维权。二是大力推动银行业消费纠纷第三方调解机制建设，在北京、上海、重庆、深圳等地陆续开展各具特色的第三方调解机制试点，有效疏解监管部门投诉处理压力，提高消费者满意度。其中，北京、上海、重庆采取依托银行业行业组织的模式，较好地发挥了行业组织的资源和专业优势；深圳采取权益保护类社会组织的模式，增进了消费纠纷调解的独立性和社会公信力。

◎ **深圳银监局探索金融消保新路径，助推创设第三方调解机构**

2015 年，深圳银监局积极创新，推动设立全国首家银行业消费者权益保护第三方机构——深圳市银行业消费者权益保护促进会（以下简称"促进会"）。促进会以社团形式设立，承担纠纷调解、宣传教育、培训研究等消费者保护职能，通过建立近百人调解专家库、调解结果可获得司法确认等措施，有效保证了调解的灵活性、专业性和权威性。截至 2015 年底，促进会已受理各类纠纷 568 件，调解成功率近 90%。

专栏 26　《关于加强金融消费者权益保护工作的指导意见》

国务院办公厅《关于加强金融消费者权益保护工作的指导意见》（国办发〔2015〕81 号，以下简称"《指导意见》"）把维护金融消费者权益提升到增强消费者对我国经济和金融发展的信心、维护金融体系安全与稳定，促进社会公平正义的高度，界定了金融消费者享有财产安全权、知情权、自主选择权、公平交易权、依法求偿权、受教育权、受尊重权和信息安全权八项基本权利，

并对我国金融领域消费者权益保护提出了具体要求，是当前我国在金融消费者权益保护方面的纲领性文件。《指导意见》公布后，银监会第一时间开展政策宣传解读工作，并组织银行业金融机构宣传相关政策和监管要求。银监会将按照《指导意见》要求，积极推动做好银行业消费者保护工作，依法保障广大银行业消费者合法权益。

（二）督促银行业金融机构履行职责

2015 年，银监会围绕制度体系建设、制度执行保障、工作开展效果、内部考核与管理、重点问题处理五个维度，组织开展了 2014 年度银行业消费者权益保护工作考核评价，有力指导、督促银行业金融机构积极提升银行业消费者保护工作的有效性：一是健全消费者权益保护制度体

系，充实消费者权益保护工作依据；二是完善消费者权益保护组织架构，确保消费者权益保护资源投入；三是加强产品和服务全流程管理，规范销售行为，有效避免侵害消费者权益；四是完善消费者投诉处理机制，规范投诉处理流程，切实提高投诉处理质效；五是强化内部考核与管理，完善内部消费者权益保护激励约束机制；六是持续开展金融知识普及与推广，将消费者权益保护宣传教育常态化。

◎ 厦门银监局多措并举推动"反诈骗中心"建设运行

推动 5 家银行入驻中心，建立涉案账户查控绿色通道；通过会议部署、走访约谈等方式，确保银行查控工作配合到位；印发监管要求和实施细则，确保查控工作合规开展；建立资金查控联系人机制。截至 2015 年底，该中心共成功止付、冻结虚假信息诈骗案件涉案金额 1,860 余万元，涉及案件 399 起，工作成效显著。

（三）加强金融知识宣传普及

1. 紧抓公众关注热点，开展集中宣传

2015 年，银监会继续组织全国银行业开展"金融知识进万家"宣传服务月活动，重点针对银行客户资金被骗和信息泄露事件开展集中宣传，提高银行业消费者对自身资金和信息安全的保护意识。活动期间，全国银行业金融机构参与宣传网点 20 万余个，共开展各类宣传活动 21 万次，设立户外集中宣传点 14 万个，投入宣传人员 193 万人次，接受消费者咨询 6,476 万人次，发放宣传资料 8,591 万份，发送公益宣传短信、微信 1 亿余条，在媒体投放宣传片 31 万个，媒体报道 2 万余次。

湖南银监局向公众免费发放《湖南银行业消费者权益保护知识读本（2015 版）》30 万册，并在银监会官方网站发布电子版

专栏 27 银监会深入开展"送金融知识下乡"活动

2015 年，银监会连续第八年组织开展"送金融知识下乡"活动，设计推广金融广播站、金融电视汇、金融服务站、金融阅览室、金融大讲堂、金融微讯通等 6 项载体，编印《三农实用金融知识手册》，制作 7 集"三农"金融知识专题宣传片，推动农村金融知识、金融服务普及，为农村青年创业提供金融支持。全国各地举办集中宣传咨询活动超过 11 万场次，为农民群众提供咨询 7,000 多万人次，发放金融知识书籍、宣传材料、知识光盘 9,067 万件；创建"送金融知识下乡宣传服务站"3,199 家，帮助建设农村金融阅览室 26,508 个，与电视台、广播电台合作设立金融知识宣传栏目 2,439 个，建立微博、微信等新媒体金融知识宣传平台 5,528 个；与中央电视台农业频道、中央人民广播电台和人民网形成战略合作框架协议，打造视听结合、传统媒体与新媒体宣传结合的长效金融知识宣传模式。

"送金融知识下乡"活动深入田间地头、村社院坝，推动金融知识普及教育更广泛地渗透农民日常生产生活

2. 细分受众群体，创新宣传方式

指导召开青少年金融教育论坛，进一步与教育部门、金融机构、社会组织增进共识、扩大合作，大力推动金融教育进入国民教育体系；启动金融知识嘉年华全国巡回活动，通过丰富多彩的

北京银监局参与指导国内首部老年人金融公益话剧——《小卡的秘密》

青岛辖内银行业金融机构开展"金融知识进校园"活动

互动游戏，激发中小学生学习了解金融知识的热情；指导北京、上海开展金融知识公益剧场活动，精心编排适合于社区群众观赏的话剧、曲艺等节目，在国家大剧院、区文化馆、社区文化中心等不同层级和类型场所进行演出，通过轻松愉快的方式帮助社区群众提高风险防范意识和自我保护能力。

3. 多渠道传播，发挥媒体效应

通过在报刊杂志上开办专栏、举办征文比赛等形式，不断扩展金融知识宣教渠道和覆盖面；与中央电视台、中央人民广播电台等中央媒体合作，及时发布风险提示，提示消费者保护财产安全，客观回应热点问题，引导良好舆论氛围。

4. 践行服务理念，回应公众咨询

2015 年，银监会继续积极发挥公众教育服务区作为与社会公众沟通的桥梁和窗口作用，积极回应公众咨询。2015 年，银监会机关各部门累计接听公众来电共 7,583 人次，同比增长 6.22%，涉及信用卡、理财产品、信托产品、个人贷款、支付结算、银行服务、监管政策咨询等众多领域。

泰安市银行业消费者保护专区工作人员接待群众的来访参观并进行讲解

专栏 28　银监会督促银行业优化服务收费管理，保护金融消费者合法权益

2015 年，银监会印发《关于进一步开展银行不规范服务收费清理工作的通知》，在全国范围组织开展不规范服务收费专项清理工作，并将其纳入"两个加强、两个遏制"现场检查范围，推动银行健全管理机制，规范收费行为，改进服务方式，取得了一定成效：银行服务收费项目明显减少，手续费净收入增长幅度呈现显著下降趋势。2015 年，21 家全国性银行服务收费项目由 2014 年的平均 305 项下降至平均 182 项；对 21 家全国性银行的抽查显示，2014 年和 2015 年上半年，银行服务收费增速明显低于办理业务笔数增速，银行每笔业务平均手续费收入从 2013 年的 5 元下降至 2015 年上半年的 4 元。

此外，银监会督促银行业金融机构认真贯彻各项工作要求，在基础服务方面提供大量免费服务，助力实体经济发展。据不完全统计，2012 年至 2015 年上半年，21 家全国性银行已提供免费服务 1,305 亿笔，免除手续费 1,628 亿元。

银监会系统职工摄影作品

第八部分

CBRC
Annual Report
2015

透明度建设与加强市场约束

- 政务公开
- 银行业透明度建设
- 市场约束

（一）政务公开

1. 推进政务公开渠道和平台建设

2015 年，银监会围绕建设廉洁政府、透明政府的目标，持续健全网站管理工作机制和信息发布考核机制，不断加强官方网站的建设和管理，规范官方网站的信息采集、审核、发布等工作，优化网站栏目设置，增强网站实用性，加大与社会公众互动回应力度，充分发挥官方网站在政务公开、信息发布、服务公众、宣传教育方面的主渠道作用，积极主动、及时准确发布各类政府信息，提升银监会行政履职透明度。在第一次全国政府网站普查中，银监会官方网站抽查合格率为100%。

2. 全面开展政府信息公开工作

一是积极主动公开重点领域信息。2015 年，银监会通过官方网站共发布信息 25,033 条，其中行政许可信息 20,884 条，行政处罚信息 638 条，全国人大代表和全国政协委员建议提案复文58 份。全年官方网站点击量 14,839 余万次。

二是定期主动发布监管统计数据信息。按照 2015 年中国银监会监管统计信息发布日程表，扩大数据披露范围，细化披露维度，强化信息透明度建设。

三是做好政策解读，及时解疑释惑。持续通过新闻媒体公布重大决策、重要活动与监管动态，回应公众关切。坚持新闻通气制度，加强与媒体沟通。参与重要论坛活动、重要网站在线访谈，权威解读热点问题并与网民互动。2015 年，银监会共受理中外记者采访申请和接待记者询问 1,500余次，就社会普遍关注的银行业热点问题组织记者调研采访 10 次，召开新闻通气会、发布会 41 次，发布解读与回应 110 余次。

四是认真做好依申请公开工作。2015 年，银监会共办理政府信息公开申请 901 件，有效满足申请人获取政府信息需要。此外，还在官方网站开设"政务咨询"栏目，及时答复公众咨询。

（二）银行业透明度建设

2015 年，银监会继续督促银行业金融机构贯彻落实《商业银行信息披露办法》《商业银行资本充足率信息披露指引》等要求，扩大信息披露范围，提高信息披露质量。建立银行业例行新闻发布制度，为银行业金融机构打造统一的新闻信息发布平台，推动提升行业透明度。印发《关于印发商业银行流动性覆盖率信息披露办法的通知》《关于进一步做好村镇银行信息披露工作的通知》等文件，细化银行业金融机构信息披露规制建设，强化社会监督。要求商业银行进一步规范服务收费、理财产品、代销产品等信息披露工作，同时严肃查处误导宣传、不透明收费等违规行为，保护金融消费者合法权益。

在银监会的积极引导和督导下，各银行业金融机构在建立信息披露制度的基础上，通过银行业例行新闻发布会和新闻媒体、营业场所公告、官方网站、宣传材料、年度报告、社会责任报告、业绩说明会、工作人员告知、接受消费者咨询等多种方式进行信息披露，拓展了信息披露的广度和深度。

专题 10　银监会建立银行业例行新闻发布会制度

2015 年 7 月，银监会建立了银行业例行新闻发布会制度（以下简称"例行发布制度"），通过统一的发布平台，由银行业金融机构在固定时间、固定地点召开新闻发布会。

经过不断探索创新工作机制，例行发布制度做到了"会前有策划、媒体有阵势、传播有层次"。

会前有策划。建立机构与媒体的沟通机制，协助发布机构完成发布准备。一是会前充分了解媒体诉求，及时回应关切。主动就发布机构和发布主题向媒体广泛征集舆论焦点热点问题，帮助发布机构在材料准备上"捋清脉络"，做到"有的放矢"，促成机构与媒体之间沟通反馈的良性循环。二是主题和案例相结合，提升发布会总体质量。与发布机构共同谋划主题内容、宣传亮点和具体实例等，增强发布内容的新颖性、针对性和充实性，保障发布会传播效果。

媒体有阵势。广泛邀请中央媒体、市场化媒体、行业媒体、网络媒体、境外媒体等参会。目前，共设媒体席位近 60 个，包括《人民日报》、新华社、中央电视台、《经济日报》《财新周刊》《21 世纪经济报道》、路透社、新浪网、

腾讯网、和讯网等各类媒体。在记者邀请方面，以日常联系银监会的记者为主要邀请对象，提高报道准确性。设立"评论员席位"，由发布机构邀请行业专家学者、行业意见领袖、资深媒体人等出席发布会，从第三方角度进行评论。

传播有层次。利用传统媒体、新媒体、自媒体等渠道，扩大发布会宣传及二次传播效果。一是在银监会官网首页开设"机构声音"专栏，每场例行发布会后第一时间公布新闻稿或文字实录。二是和部分媒体开展深度合作，已有 10 余家媒体开设专栏或定期报道。中央人民广播电台、《金融时报》《经济参考报》《中国金融》《中国金融家》、新华网、新浪网、中国网、和讯网等开设专栏或作定期报道；《财新周刊》《农村金融时报》在官方微信公众号开设专栏。三是探索新媒体传播手段，通过微信发布行业解读文章、信息图，便于媒体和公众掌握行业整体情况、直观掌握相关信息。

截至 2015 年底，共通过例行发布机制召开发布会 23 场，发布机构包括政策性银行、大型商业银行、股份制商业银行、城市商业银行、邮政储蓄银行、金融资产管理公司等主要银行业金融机构。来源于例行发布会的报道篇

数总计 7,506 篇，平均每场发布会形成原创及转发报道 326 篇；微信宣传（包含发布机构官方微信）的总阅读量逾 60 万次，平均每场发布会阅读量近 3 万次。

目前，随着例行发布制度的推进，已形成银行业金融机构、新闻媒体、社会公众等"多赢"的良好局面。从监管和公众角度讲，例行发布制度使行业信息披露更充分透明；从发布机构角度讲，例行发布制度整合了新闻发布会所需的各类资源，摊低各类成本，为其及时回应社会关切提供优质的发声平台；从媒体角度讲，例行发布制度汇聚了全行业的信息发布资源，为媒体报道提供了统一且权威的信源。

银监会未来还将研究探索扩大发布机构范围、丰富发布形式、增加发布内容、拓宽发布渠道，进一步完善例行发布制度，提高行业透明度。

◎ **恒丰银行持续强化信息披露工作**

一是构建银媒双向良性沟通渠道，组织媒体深入分行及客户一线调研，解读重大政策、宣传工作亮点，传播银行业"好声音"。二是着力全面整合、规划品牌形象。自编、自导、自演宣传片《服务之美》，展现银行基层员工服务风采，传播银行业正能量。三是成立恒丰银行研究院，围绕热点问题为行业发声，就服务实体经济、盈利能力、不良贷款等话题在权威媒体上进行分析解读，围绕重点领域发表研究成果。

（三）市场约束

一是坚持充分披露，及时、定期向社会公开银行业金融机构资产、负债、利润、不良贷款等指标，方便各利益相关群体和中介机构进行查阅、分析、研究。

二是注重广泛听取社会各界的声音意见，将公众诉求和媒体反映传导到具体的监管工作之中，有针对性地提高监管工作质效，如在重大法规政策制定过程中坚持向社会公开征求意见，并充分采纳吸收合理意见、建议。

三是持续推动中国银行业协会、中国信托业协会、中国财务公司协会、中国融资担保业协会、中国小贷公司协会等行业协会和信托业保障基金公司认真履行职责，不断建立健全行业自律机制，充分发挥行业自律组织在同业间的协调、自律、维权和服务等作用，营造公平有序的市场竞争环境。

2015 年，中国银行业协会连续第八年发布《中国银行业服务改进情况报告》；组织签署《城市商业银行流动性互助合作公约》；制定并印发《商业银行销售银行理财产品与代销理财产品的规范标准和销售流程》，发布《商业银行综合理财能力评价体系》和首份评价结果；组织开展商业银行中间业务服务收费项目梳理工作；推出商业银行稳健发展能力"陀螺（GYROSCOPE）"评价体系并发布首次试评结果。中国信托业协会成立行业自律、行业发展研究和人才与培训三个专业委员会；继续发布《中国信托业行业发展报告》；组织制定并印发《信托公司行业评级指引（试行）》，强化信托公司经营管理情况综合评价工作。中国财务公司协会首次发布《企业集团财务公司行业评级办法（试行）》及行业评级结果；修订完成《中国财务公司协会章程》和《中国财务公司协会会员管理办法》；积极落实《企业集团财务公司全面风险管理指引》，推动财务公司构建全面风险管理体系、提升风险管理水平，进一步促进行业规范发展。中国融资担保业协会成立行业自律工作委员会和再担保专业委员会，研究建立数据统计分析制度，推进完善行业信息披露机制。中国小额贷款公司协会成立，立足于中央和地方双层监管治理架构，积极履行行业自律、维权、服务和协调工作职能，规范发展小额贷款公司。信托业保障基金公司对信托公司风险处置情形进行分类研究，制定风险救助和处置手册，增强市场和投资者信心，促进信托行业稳定健康发展。

◎ 商业银行稳健发展能力"陀螺（GYROSCOPE）"评价体系首次发布试评结果

2015年6月28日，商业银行稳健发展能力"陀螺（GYROSCOPE）"评价体系及首次试评结果发布。该体系由中国银行业协会在充分听取银行业、监管机构和行业专家的意见和建议，充分考虑中国商业银行经营实际的基础上推出。该体系兼具稳健与发展双重目标，通过多个维度，全面考察商业银行稳健发展能力，并秉承客观性、权威性与专业性，有助于为商业银行提供自省标准，为社会大众提供认知参考。该体系的推出将为引导中国银行业科学稳健发展并增强我国在国际金融体系中的话语权发挥积极的作用。

◎ 中国财务公司协会发布《企业集团财务公司行业评级办法（试行）》及评级结果

2015年6月1日，《企业集团财务公司行业评级办法（试行）》和首次财务公司行业评级结果正式公布，标志着非银行金融机构中首个由行业协会制定的评级体系正式落地。行业评级由行业自律组织开展，对经营管理成果进行评价，评级结果公开透明。行业评级的实施对强化行业自律，加强市场约束，树立行业标杆，引领创新发展发挥了重要作用。

银监会系统职工摄影作品

第九部分

CBRC
Annual Report
2015

社会责任

- 推进机制建设和监管指导
- 做好节假日金融服务
- "银团合作",服务"三农"发展
- 支援抗灾救灾和灾区重建
- 支持公益事业和贫困地区发展

（一）推进机制建设和监管指导

2015 年，银监会继续鼓励、规范和引导银行业金融机构建立健全社会责任组织管理机制，完善社会责任指标体系，定期发布社会责任报告，在劳动与就业、环境保护、公平运营、保护消费者、社区参与和发展、尊重人权等社会责任方面切实发挥作用。

在银监会的支持和推动下，银行业金

银监会主席尚福林赴青海调研，在邮政储蓄银行流动金融服务车前，与前来办理业务的藏族群众亲切握手

融机构逐步将社会责任理念纳入公司战略决策，将社会责任管理融入公司治理；中国银行业协会已连续七年发布《中国银行业社会责任报告》，中国信托业协会已连续三年发布《中国信托业社会责任报告》。

◎ 中国信托业协会发布《中国信托业社会责任报告》

2015 年 8 月 21 日，中国信托业协会发布《中国信托业 2014 年度社会责任报告》。报告主要从支持实体经济、加强民生保障、增加客户收益、防控金融风险、关注社会公益、建设美丽中国、助力员工发展、推进责任管理八个方面展现了中国信托业 2014 年切实履行社会责任的成果和所做出的努力。报告是中国信托业协会自 2013 年以来连续发布的第三份行业社会责任报告，旨在积极诠释"中国信托、诚信托付"的理念和思想，不断提升信托业的良好社会形象，实现信托业与经济社会的良性互动。

（二）做好节假日金融服务

节假日是广大居民出行、旅游、购物等活动明显集中的时期，广大银行业消费者对银行柜面服务、银行卡、电子银行等服务需求旺盛，需要银行业提供完善的配套金融服务。2015 年，银监会继续督促银行业金融机构按照《关于做好假日金融服务的通知》要求，担当公共社会责任，保证足够数量和服务半径的网点开门营业，提升服务的可获得性和便利性；制定节假日金融服务安全预案，做好值班安排、加强应急管理和安全保卫工作，保证客户、员工及资金安全；改善假日金融服务环境，提升金融服务质量和社会公众的满意度。

（三）"银团合作"，服务"三农"发展

银监会联合团中央，整合金融行业优势和共青团组织优势，在全国范围内开展"银团合作"，发动中国农业银行、邮政储蓄银行、农村信用社、农村商业银行等主要涉农银行业金融机构选派青年干部到基层挂职，有力地支持了"三农"发展和农村青年创业。2015 年，上述银行业金融机构共选派 1,800 名金融青年干部到县、乡团委挂职；创建 684 个"农村青年创业金融服务站"，为超过 20 万名农村创业青年和 6,000 个农村合作社提供金融支持；在 365 个县（市）建立农村青年创业小额贷款风险补偿机制；发放农村青年创业小额贷款约 160 亿元；推动建立 372 个农村青年创业基金，总金额达 6.5 亿元；为农村青年致富带头人提供金融知识培训 12 万人次。

（四）支援抗灾救灾和灾区重建

2015 年，银监会指导银行业金融机构支持"4·25"尼泊尔地震西藏受灾地区、云南地震灾区、天津港"8·12"滨海新区爆炸事故等灾害的抗灾救灾和灾后恢复重建工作。督促银行业金融机构采取现金调度、应急挂失、资金绿色通道、费用减免等一系列及时便利的金融服务措施，全力恢复灾区正常金融服务；加大信贷投放力度，优先支持灾区灾后重建的信贷需求。

◎渤海银行积极支持天津港"8·12"爆炸事故灾后重建

天津港"8·12"瑞海公司危险品仓库特别重大火灾爆炸事故发生后，渤海银行认真组织灾后自救，是爆炸核心区域内唯一一家坚持生产运营不中断的单位。同时，为支持滨海新区政府做好灾后重建工作，切实履行社会责任，渤海银行紧急调拨信贷资源，开辟绿色通道，在一周之内完成授信调查、复查、批复及放款，为天津滨海新区政府提供 20 亿元信用贷款，专项用于事故后搜救人员、救治伤员、清理现场、监测事故周边环境等工作。同时，积极认购天津生态家园建设发展股权投资基金优先级份额 2 亿元，募集资金全部用于收购事故受损房屋。

◎ **云南银监局持续做好地震灾区灾后重建金融服务工作**

印发《关于进一步加强鲁甸景谷地震灾后恢复重建金融服务工作的通知》，督促各银行业金融机构进一步提升责任意识，加大系统内信贷资源调剂力度，优先支持灾区信贷需求，妥善防范处置灾区信用风险。截至 2015 年底，鲁甸、景谷震区贷款余额 463.86 亿元，较地震前增加 101.65 亿元，增长 28.1%。

鲁甸信用社在抗震棚中集中发放农户住房灾后重建贷款

（五）支持公益事业和贫困地区发展

银监会积极支持公益事业，发动系统广大职工深入开展爱心助学、扶危救困、敬老助残、扶贫点定向帮扶等社会公益活动，引导干部职工增强社会责任感和使命感。2015 年，银监会系统职工奉献爱心，传播正能量，树立新风尚，为扶贫、助学、救灾等公益事业和贫困地区发展捐款 415 万元。

专栏 29　"积分圆梦"公益行动在全国推广

银监会探索"互联网＋金融＋公益"和社会化动员的金融公益新模式，发挥金融行业比较优势，与中国青少年发展基金会等公益组织合作，搭建覆盖广泛、操作便捷的公益捐赠平台，将银行卡沉淀积分资源转化为实实在在的公益资金。该项目着眼于新型工业化和城镇化过程中突出的社会和环境问题，重点聚焦"留守儿童""生态环保""金融扶贫"等主题。2015 年，该项目在全国推广发布，共开展"线上"和"线下"公益活动数百场次，捐助公益资金 1,500 万元；12 家银行业金融机构在中央金融团工委和全国金融青联搭建的统一积分公益平台、自有网银中上线了公益产品。该项目得到了中央电视台、《人民

积分圆梦公益行动全国启动仪式

日报》、新华社、人民网、新华网等主流媒体的高度关注；中央电视台专门制作并在所有频道投放了相关公益广告。

北京农商银行向河北省赞皇县阳泽乡陡岭村苗
圃希望小学捐献电脑等设备，资助留守儿童

浙商银行短期支教志愿者小队赴贵州省黔西南
州贞丰县者相镇纳孔小学开展支教活动

邮政储蓄银行员工为贫困户送上项目扶持金

渣打银行员工志愿者赴朝阳区安华（培智）学
校看望自闭症儿童和智力障碍儿童

◎ 中国建设银行连续四年捐赠"母亲健康快车"，积极履行社会责任

2015 年，中国建设银行再次捐赠 700 万元支持"母亲健康快车"公益项目。"母亲健康快车"上配有病床、氧气、超声诊断仪和心电分析仪等设施，提供健康咨询、义诊、免费健康检查、药品及健康资料发放、孕产妇住院分娩免费接送、基层医务工作者培训及特殊病例救助等服务，成为村民们的"流动医院"。截至 2015 年底，中国建设银行已累计捐款 2,900 万元，购置 193 辆"母亲健康快车"，在新疆、西藏、甘肃、青海、云南、

中国建设银行捐赠的"母亲健康快车"定期在贫困乡县开展义诊活动

广西、贵州、内蒙古等13个省份贫困乡县投入使用，受益总人数共计445,453人，免费发放药品72.87万元。

银监会系统职工摄影作品

第十部分

CBRC
Annual Report
2015

展　望

- 经济金融形势
- 银行业监管重点

（一）经济金融形势

展望 2016 年，从国际看，全球经济尚未脱离国际金融危机后的深度调整期，金融危机的深层次影响和发达经济体与新兴经济体的结构性问题将继续阻碍全球经济复苏，"超宽松"货币环境的改变和能源及大宗商品价格的剧烈波动将给经济增长带来新的挑战。美国经济活力总体充沛，但多年的货币宽松政策使资产价格悬在高位，金融风险的冲击不容忽视。欧元区面临高失业率与高债务率的双重羁绊，负利率政策对经济刺激效果尚不明显。日本人口老龄化问题突出，通缩压力较大，财政政策与货币政策能否积极协调配合推动经济增长存在较大不确定性。新兴经济体在增速下行的同时，存在较大的资本外流和汇率贬值压力，国际收支难有改观，原有经济增长模式的有效性面临挑战。

从国内看，经济总体仍将处在去产能、去库存的过程中，传统需求放缓和新兴需求增长交织，但短期内新动力上升尚难对冲旧动力下滑，供给侧调整仍需时日来适应和满足需求侧的变化。虽然过程面临不少困难和挑战，但我国发展仍处于重要的战略机遇期，经济稳定发展的基础稳固，经济结构呈现在新常态下向形态更高、分工更复杂、结构更合理方向演化的趋势。随着经济金融环境发生深刻变化，我国银行业面临的风险形势也日趋复杂，一方面是供给侧改革将促进部分行业、企业产能出清、提质增效，但也会对银行资产端产生一定冲击，银行业需要不断提升防风险能力和支持实体经济发展的服务水平；另一方面，银行业高利润增长的时期接近尾声，在改革、创新和竞争加剧的背景下，银行业自身发展转型的任务更为艰巨。

（二）银行业监管重点

2016 年，银监会将继续坚持稳中求进的总基调，按照"五位一体"总体布局和"四个全面"战略布局，认真执行五大政策，全面落实五大任务，整合银行业资金资源，降低社会融资成本，坚决守住不发生系统性区域性风险底线，提高银行业支持实体经济的效率，促进经济社会持续健康发展。

1. 整合银行资金支持供给侧改革

银行业要按照中央精神，紧紧抓住服务实体经济这个基石，把握好稳增长和调结构的平衡，积极支持供给侧结构性改革。

一是健全体制机制，支持创新发展。健全完善银行业推动"大众创业、万众创新"工作机制，探索契合创新创业企业周期特点、符合我国实际的科技金融服务模式，制定科技创新创业企业投贷联动融资试点指导意见。继续推动银行业金融机构设立科技信贷专营机构，提高科技金融专业水平。

二是优化信贷结构，支持协调发展。引导银行业按照风险可控、商业可持续原则，整合信贷资源，聚焦"一带一路"、京津冀协同发展、长江经济带"三大战略"的重点项目、重大工程和棚户区改造等薄弱环节，着力补齐短板，支持供给侧结构性改革。持续推动产业结构优化升级，促进《中国制造 2025》和生物技术、信息技术、智能制造、高端、新能源等战略新兴产业发展，推进制造业转型。形成银行业支持困难企业扭亏、转型、发展、脱困的合力。

三是坚持环保优先，支持绿色发展。加快发展绿色金融，引导银行业建立绿色信贷长效机制。支持符合国家产业政策和行业标准的能效项目，加大对产能过剩行业兼并重组、转型转产、技术改造的信贷支持力度，严控对产能过剩的新增项目、违规在建项目和环境违法企业的新增授信。支持银行业探索绿色债券、碳资产证券化等金融工具和服务。

四是统筹对内对外，支持开放发展。推进扩大银行业双向开放，推动银行业金融机构优化全球网络布局。支持政策性银行、大型商业银行和股份制银行完善中长期发展规划。建立健全境外业务管理制度、风险管理体系、投资经营决策机制和责任追究制度，积极开展银团贷款，充分计提国别风险准备金。引导银行业充分利用全球网络、跨境业务等优势，充分发挥出口对稳增长的促进作用。支持外资银行在商业可持续前提下合理布局、均衡布点。支持港澳台银行在内地发展。加强与境外监管机构沟通协调。

五是发展普惠金融，支持共享发展。加强金融扶贫，围绕"四单"做好金融扶贫统计工作。持续规范银行服务收费，逐步扩大续贷政策适用范围，降低企业财务成本，有效改善小微企业金融服务。加强"三农"金融服务，力争实现涉农信贷投入持续增加，农户贷款增速高于各项贷款平均水平的目标。修订完善金融消费者权益保护考核评价指标体系，强化监管硬约束，加强金融消费者保护。

2. 坚守不发生系统性区域性风险的底线

辩证把握稳增长和防风险的平衡，坚持底线思维和问题导向，加强风险监测、预警和计量，重点抓好四类风险的专项整治。

一是严防经济下行压力持续加大导致的信用风险。紧盯地方政府融资平台、房地产、过剩产能等重点领域信用风险，积极防范新增不良；采取差别化信贷政策，支持房地产去库存。加大对集团客户及重点企业表内外、全口径风险管控力度。督促银行业主动释放信用违约风险，组织开展不良贷款分类偏离度检查，拓宽不良资产处置渠道和处置方式，加快不良贷款核销和处置进度。

二是严防银行资金错配导致的流动性风险。加强流动性监测和窗口指导，组织开展压力测试，完善应急预案。继续优化银行负债结构，探索多元化负债渠道，提升负债来源的稳定性。强化银行业自律，防止恶意竞争。

三是严防交叉金融产品风险。健全完善跨业、跨领域、跨市场金融业务管理办法，加强金融产品管理，使得跨业、跨领域、跨市场资金流动始终能够"看得见、管得了、控得住"。

四是严防社会金融风险向银行体系输入。推动开展专项治理，防范社会金融风险传染蔓延；严格融资管理，严格履行贷款"三查"等制度；规范同业合作；严防非法集资风险。

3. 深入推进银行业改革开放

坚持将改革创新作为促发展的关键，通过持续的改革、创新推动银行业实现发展方式的转变。

一是完善市场准入。拓宽民间资本进入银行业的渠道，有序开展民营银行准入工作；支持民间资本参与城市商业银行和农村中小金融机构的重组改制；继续支持符合条件的民间资本发起设立消费金融公司、金融租赁公司、企业集团财务公司和汽车金融公司；规范中小银行机构异地经营。

二是深化银行业金融机构改革。有序推进国家开发银行、政策性银行监管办法制定，加快落实交通银行深化改革方案，指导邮政储蓄银行公开上市，推动农村信用社改革，提升村镇银行批量化组建、集约化经营和专业化服务水平。实施信托公司分类监管和有限牌照管理，建立信托产品统一登记制度。

三是深入推动银行治理机制改革。支持国家开发银行、中国农业发展银行不断健全有利于扶贫金融事业部发展的体制机制，推动中国农业银行进一步深化"三农"金融事业部改革，鼓励其他银行业金融机构设立扶贫金融事业部。指导条件成熟的银行对信用卡、理财、私人银行、小微企业信贷等业务板块进行子公司改革试点，实现法人独立经营。支持企业集团财务公司扩大延伸产业链金融服务试点，修订《汽车贷款管理办法》，支持汽车产业可持续发展。

4. 进一步提高监管有效性

把握好强监管与促发展的关系，继续推进体制机制改革，完善监管基础设施，强化监管能力建设，持续提高监管有效性，推动银行业科学发展。

一是加强审慎规制建设。做好全面风险管理、押品管理、大额风险暴露、流动性风险、银行投资基金和交易对手信用风险资本计量、内部审计等规制的研究制定工作。进一步完善境外业务、表外业务等重要业务领域的制度规范。

二是强化监管能力建设。完善现场检查基础设施建设，创新检查工作机制，优化检查方式，提高现场检查质效。完善非现场监管信息系统和现有非现场监管指标体系，增加风险预警的前瞻性、准确性和有效性。继续深入推进简政放权、放管结合。加强对派出机构市场准入工作的再监管和后评价。进一步加强监管权力的约束制衡，缩减自由裁量权，减少寻租空间。

三是积极参与国际监管改革。加强与金融稳定理事会的协调沟通,积极参与巴塞尔委员会相关工作,参与国际标准制定和综合性评估。做好金融部门评估规划、国际定量测算和巴塞尔委员会流动性风险监管一致性评估。做好全球系统性重要银行监管,推进监管联席会议机制建设。充分利用各种双边、多边跨境交流形式。

专题 11 "十三五"银行业发展展望

"十三五"时期是全面建成小康社会决胜阶段,各项改革事业进入"攻坚期"。银行业要继续全面贯彻党的十八大和十八届三中、四中、五中全会精神及中央经济工作会议精神,坚持为人民服务的根本宗旨,坚持服务实体经济的根本方向,坚守不发生系统性、区域性金融风险的基本底线,持续推动银行业实现更高质量、更有效率、更加公平、更可持续发展,力争到 2020 年形成多层次、广覆盖、有差异的银行业机构体系,着力加强对供给侧结构性改革的支持力度,全力支持去产能、去库存、去杠杆、降成本、补短板,进一步增强服务实体经济的效率。

1. 坚持创新理念,提高服务质效

创新是引领发展的第一动力,银行业要依靠业务创新、产品创新和技术创新,探索支持实体经济发展的新道路。支持大众创业万众创新。银行业要健全支持大众创业万众创新的工作机制,探索投贷联动等契合创新创业企业生命周期特点、符合我国实际的科技金融服务模式;继续推动设立科技信贷专营机构,推动加快科技成果有效转化,助推创新驱动战略实施。加快信息技术与金融业务融合。积极发展"互联网+金融"的商业模式,加强大数据的采集、开发和应用,在风险防控、精准营销、集约管理等方面引入现代信息技术,实现线上线下有机结合,提高金融服务效率。

2. 坚持协调理念,支持平衡发展

协调是持续健康发展的内在要求,银行业要在补齐短板、破解难题、均衡发展上下工夫,开拓支持实体经济的新空间。支持国家重大战略实施。引导银行业金融机构密切跟踪和积极配合落实国家重大战略,对沿海沿江沿线经济带为主的纵向横向经济轴带和"一带一路"、京津冀协同发展、长江经济带等国家战略实施,以及重点领域重大工程项目建设等,完善综合性金融服务体系,不断加大金融支持力度,助推实体经济持续拓展发展新空间。支持产业转型升级。通过盘活信贷存量、优化增量投向、科学利率定价等方式,主动配合供给侧结构性改革,支持实施《中国制造2025》,加快处置"僵尸"企业,加速淘汰落后产能,推动传统产业改造升级和战略性新兴产业发展,促进新型工业化、信息化、城镇化、农业现代化同步发展。

3. 坚持绿色理念,改善生态环境

绿色是永续发展的必要条件和人民对美好生活追求的重要体现,银行业要把绿色理念贯彻到战略、决策和行动中,树立支持实体经济的新标准。完善绿色信贷工作机制,引导银行业牢固树立绿色信贷理念,并贯彻到金融服务和信贷管理的各个方面和全部过程;优化内部组织架构和业务流程,形成有利于发展绿色信贷的体制机制;加强专业化团队建设,形成绿色信贷工作合力。大力支持绿色产业发展。严控产能过剩领域贷款，严防环境和社会风险，积极开展能效融资、碳排放权融资、绿色信贷资产证券化等金融业务创新，大力支持绿色、循环、低碳经济发展。

4. 坚持开放理念，实现合作共赢

开放是国家繁荣发展的必由之路，银行业要顺应我国经济深度融入世界经济的趋势，实现对内与对外开放双轮驱动、相互促进，增强服务"走出去"战略的能力和水平。提升自身服务"走出去"能力。在风险可控、商业可持续的前提下，支持符合条件、具有能力的银行业金融机构，根据"走出去"企业需求优化机构布局，根据自身发展战略开展海外并购、拓展国际业务，提高国际化质量和深度，为"走出去"企业提供一体化、全方位的金融服务。同时，支持符合条件的外资金融机构来华投资经营。支持中国企业"走出去"。以金融服务便利化、系统化为重点，支持讲信誉、有实力、守法律的企业"走出去"，力挺中国装备迈向国际市场，深化国际产能合作；发挥政策性金融和商业性金融的互补作用，为"走出去"项目提供优惠贷款和跨境人民币结算等综合化金融服务。

5. 坚持共享理念，增进人民福祉

共享是中国特色社会主义的本质要求，银行业将立足改善民生，大力提升金融服务质量和普惠性，找准支持实体经济的落脚点。有效改善小微企业金融服务。有针对性地创新支持政策，提升小微企业贷款覆盖率和申贷获得率，着力解决"融资难"问题；通过加强存贷款定价管理、清理收费项目、缩短融资链条、提高贷款审批和发放效率等举措，降低融资成本，着力解决"融资贵"问题。结合金融扶贫加强"三农"金融服务。引导银行业金融机构坚持"精准"原则，全面落实《推进普惠金融发展

规划（2016—2020）》，加大对"三农"信贷投放和资源配置的倾斜力度，突出对贫困地区、贫困人口和特殊群体的特惠政策安排，让贫困地区、贫困人口得到更加实惠的金融服务。加强金融消费者保护。加强金融消费者权益保护机制建设，优化金融消费者投诉受理、处理、公示和反馈机制，扩展消费者维权渠道、提高维权效率、降低维权成本。

6. 坚持风险为本，提升竞争能力

坚持风险为本理念，推动银行业金融机构按照新常态的各项要求，加快转型发展，持续深化改革，扩大开放力度，提升风险管控能力，提高服务实体经济效率。进一步深化体制机制改革。完善公司治理，进一步优化股权结构和治理结构，制定科学合理的薪酬政策，避免单纯追求利润、盲目追求规模的短期行为；优化组织架构，持续深化事业部制改革，积极推进专营部门制改革，探索部分业务板块和条线子公司制改革。进一步扩大对内对外开放。继续推动民间资本进入银行业，推动具备条件的民间资本依法发起设立民营银行，推进新设消费金融公司和金融租赁公司，扩大村镇银行民资股比范围，鼓励民间资本参与高风险银行业机构重组改造。进一步优化发展战略和市场定位。引导银行业金融机构制定科学的发展战略，明确市场定位，根据目标市场、地域和客户，谋求符合自身资源条件、功能优势和区域环境的可持续发展路径；围绕市场定位和比较优势，推进特色经营，形成特色品牌，根据市场需求提供有针对性的金融产品和差异化金融服务。进一步建立健全全面风险管理体系。不断完善与风险状况和系统重要性相匹配的风险管理框架；实施稳健的风险偏好和风险管理政策与程序，形成与其发展战略相适应的风险文化；有效运用各类风险管理工具，不断强化内部控制，完善管理信息系统，确保有效识别、计量、监

测和控制银行业所面临的各类传统风险和新型风险。

7. 坚持党的领导，加强金融监管

加强党的领导，充分发挥党的领导核心作用，是中国特色社会主义伟大事业永续健康发展的基本前提。银行业系统要把加强党的建设摆在更加重要的位置，完善党对银行业改革发展和监管工作的领导体制机制，把党要管党、从严治党同推进银行业改革发展稳定工作紧密结合起来，牢固树立全面从严治党的思想意识，重点强化政治意识、忧患意识和责任意识；认真落实全面从严治党的主体责任，做到明责、落责和问责三管齐下；切实把全面从严治党的要求体现到党建工作各方面和全过程，在具体工作中坚持思想教育从严、干部选用从严、管理监督从严、纪律约束从严、制度执行从严和落实责任从严，为银行业全面贯彻落实党中央、国务院指示精神提供坚强的政治保证和重要的组织支撑。

国际经验反复证明，金融越是发展，就越需要强化监管。为引领我国银行业在复杂严峻的形势下行稳致远，必须全方位加强监管。要全面推进银行业法治建设。按照依法治国方略，坚持法治思维，完善银行业法规制度体系；推进监管执法组织架构改革，完善执法程序，严格执法责任，提高监管执法的规范性和公信力，促进银行业依法合规经营。继续加大简政放权力度。合理划分监管职责和权力，进一步向基层下放审批权限，提高监管透明度，确保依法监管效率不断提高。完善宏观审慎与微观审慎有机结合的监管框架。推动落实资本和流动性等新监管标准；健全宏观审慎监管体系，推进系统重要性银行、逆周期资本监管制度建设，提高系统性风险的预警、评估和应对能力。持续改进监管技术和方法。继续推进监管架构改革；强化事中事后监管；改进现场检查；继续完善和运用监管工具箱；运用现代信息科技手段，缓解监管资源紧与监管任务重的矛盾。完善金融机构市场化退出机制。建立适合我国国情的银行业金融机构处置和破产法律体系，加强行政退出与司法破产之间的有效衔接，推进金融市场退出机制常态化、规范化。进一步加强金融监管协调。加强统筹协调，改革并完善适应现代金融市场发展的金融监管框架，健全符合我国国情和国际标准的监管规则，实现金融风险监管全覆盖，不断提高为民监管、为国把关的能力，为全面建成小康社会贡献力量。

第十一部分 CBRC Annual Report 2015

附　录

- 附录 1　内设部门及主要职责
- 附录 2　财务管理体系和财务制度
- 附录 3　部门规章及规范性文件目录（2015 年）
- 附录 4　双边监管合作谅解备忘录和监管合作协议一览表
- 附录 5　监管大事记（2015 年）
- 附录 6　主要名词术语解释

附录 1 内设部门及主要职责

（一）会机关

1. 办公厅（党委办公室）

负责组织协调银监会机关日常工作。

2. 政策研究局（简称"政研局"）

承担我国银行业全面深化改革开放的顶层设计与组织实施工作；跟踪研究国际国内宏观经济金融形势和政策走向，联系协调宏观经济部门和地方政府，牵头研究银行业服务实体经济发展重大政策；跟踪研究国际银行业监管改革及发展趋势，对银行业监管架构、监管制度、运行机制建设等进行研究。

3. 审慎规制局（简称"审慎局"）

负责拟订各类银行和非银行金融机构审慎监管规则；统筹综合非现场监管工作，承担非现场监管数据分析运用，负责对中国银行业系统性风险、区域性风险的识别、计量、监测、分析和报告，提出防范化解风险的措施和建议，负责汇总、编制银行业金融机构监管统计报表，开展统计数据的共享和披露工作。

4. 现场检查局（简称"检查局"）

负责拟订各类银行和非银行金融机构现场检查计划并组织实施；统筹银监会系统现场检查工作，承担对现场检查立项、实施和后评价职责；组织、协调银行业综合性检查和重大、跨区域案件的调查，查处银行业金融机构违法违规案件；指导、督促派出机构案件稽查和现场检查工作。

5. 法规部

负责起草、拟订监管法律、行政法规、部门规章、规范性文件，提出制定或修改的建议；统筹协调市场准入工作；协调处理有关银行业发展与监管方面的法律事务；统筹对涉及金融安全重要行为的监管审查工作；承担银监会的行政复议和行政应诉工作；承担行政处罚的审理工作。

6. 银行业普惠金融工作部（简称"普惠金融部"）

负责牵头协调推进银行业金融机构普惠金融工作，指导地方银行业普惠金融工作；负责指导银行业金融机构做好小微企业、"三农"和特殊群体的金融服务工作；负责拟订促进融资性担保机构健康发展的政策措施、经营规则和监管标准；负责协调拟订小额贷款公司业务监管制度办法和经营规则；负责研究拟订网络借贷业务管理制度办法和经营规则。

7. 银行业信息科技监管部（简称"信科部"）

负责银行业金融机构信息科技风险监管与指导；承担银监会系统信息化建设职责；归口管理与指导银监会派出机构的信息科技监管和信息化建设。

8. 业务创新监管协作部（简称"创新部"）

负责协调银行业金融机构创新业务监管工作。

9. 银行业消费者权益保护局（简称"消保局"）

负责银行业消费者权益保护工作。

10. 政策性银行监管部（简称"政策银行部"）

承担对国家开发银行、中国进出口银行、中国农业发展银行、邮政储蓄银行（分别简称"开发银行""进出口银行""农发行""邮储银行"，其中前三家银行统称为"政策性银行"）的监管工作。

11. 国有控股大型商业银行监管部（简称"大型银行部"）

承担对中国工商银行、中国农业银行、中国银行、中国建设银行、交通银行的监管工作。

12. 全国性股份制商业银行监管部（简称"股份制银行部"）

承担对中信银行、中国光大银行、华夏银行、广发银行、平安银行、招商银行、上海浦东发展银行、兴业银行、中国民生银行、恒丰银行、浙商银行、渤海银行等全国性股份制商业银行的监管工作。

13. 城市商业银行监管部（简称"城市银行部"）

承担对城市商业银行、民营银行的监管工作。

14. 农村中小金融机构监管部（简称"农村金融部"）

承担对农村信用社及其联社、农村商业银行、农村合作银行、村镇银行等农村中小金融机构的监管工作。

15. 外资银行监管部（简称"外资银行部"）

承担对外资银行（包括外商独资银行、中外合资银行、外国银行分行、外国银行代表处）的监管工作。

16. 信托监督管理部（简称"信托部"）

承担对信托公司、中国信托业保障基金有限责任公司等信托业金融机构（简称"信托机构"）的监管工作，指导信托业保障基金经营管理。

17. 非银行金融机构监管部（简称"非银部"）

承担对金融资产管理公司、企业集团财务公司、金融租赁公司、汽车金融公司、消费金融公司、货币经纪公司等非银行金融机构及境外非银行金融机构驻华代表处的监管工作。

18. 处置非法集资办公室（处置非法集资部际联席会议办公室、银行业安全保卫局）（简称"处非办"）

承担非法集资案件处置和银行业安全保卫相关工作。

19. 财务会计部（简称"财会部"）

负责管理银监会财务工作，负责编报银监会的年度财务预算、决算。

20. 国际部（港澳台事务办公室）

统筹协调管理银监会系统外事及因公出访、与境外金融监管当局和国际金融组织的交流与合作以及涉港澳台地区相关事务。

21. 监察局（纪委）

负责维护党章和党内法规，检查党的路线、方针、政策和决议在本系统的执行情况，协助会党委加强党风廉政建设和组织协调反腐败工作。

22. 人事部（党委组织部）

负责银监会系统党的组织建设、干部管理和机构编制等工作。

23. 宣传工作部（党委宣传部）（简称"宣传部"）

承担银监会系统和银行业党的思想建设，开展理论学习、思想教育和精神文明建设，做好银行业文化建设、新闻宣传和舆情管理工作。

24. 机关党委

负责会机关及在京直属单位的党建工作。

25. 党校

负责落实银监会干部培训规划，组织开展政治理论和业务培训。

26. 系统工会

在银监会党委和上级工会的领导下，全面履行工会的维护、建设、参与、教育四项职能，领导和组织银监会系统各级工会开展工作；以代表和维护职工的合法权益为基本职责，发挥党联系群众的桥梁纽带作用，更好地服务监管中心工作。

27. 中央金融团工委（系统团委）

负责中央金融系统的共青团工作和青年工作。

28. 机关服务中心

银监会直属事业单位，具有事业单位法人资格，主要承担银监会机关后勤管理和服务工作。

（二）派出机构

1. 省、自治区、直辖市银监局

根据银监会的授权，制定有关监管法规、制度方面的实施细则和规定，负责对有关银行业金融机构及其分支机构的设立、变更、终止和业务活动的监督管理，依法对金融违法、违规行为进行查处，审查和批准高级管理人员任职资格，统计有关数据和信息，负责局机关和系统党的建设、纪检和干部管理工作。

2. 计划单列市银监局

根据银监会的授权，制定有关监管法规、制度方面的实施细则和规定，负责对有关银行业金融机构及其分支机构的设立、变更、终止和业务活动的监督管理，依法对金融违法、违规行为进行查处，审查和批准高级管理人员任职资格，统计有关数据和信息，在上报银监会的同时抄报所在省银监局，负责局机关和系统党的建设、纪检和干部管理工作。

3. 银监分局

根据银监会和省、自治区、直辖市银监局的授权，负责对有关银行业金融机构及其分支机构的设立、变更、终止和业务活动的监督管理，依法对金融违法、违规行为进行查处，审查和批准高级管理人员任职资格，负责未设监管办事处的县市的农村信用社及联社的监管工作，统计有关数据和信息，负责分局机关和系统党的建设、纪检和干部管理工作。

监管办事处主要根据银监局或银监分局的授权，负责所在县市的银行业金融机构和农村信用社及联社的监管工作，收集所在县市有关金融风险的信息并向上级机构报告。

附录 2　财务管理体系和财务制度

按照财政部的有关规定，银监会实行监管收费、部门预算、"收支两条线"的财务管理体制，每年向被监管的金融机构收取的银行业机构监管费和业务监管费直接缴入国库，履行银行业监管职责所需要的经费由财政部通过部门预算核拨。

银监会自 2004 年起向被监管的各类商业银行、信用社、财务公司、信托公司、金融租赁公司、邮政储蓄银行和其他银行业金融机构收取银行业机构监管费和业务监管费。2015 年机构监管费按被监管机构上年底实收资本的 0.05% 并考虑风险因素收取；业务监管费按被监管机构上年末资产总额（扣除实收资本）的一定比例分档累加并考虑风险因素计收。具体标准为：业务监管费 =（上年末资产总额 − 上年末实收资本）× 分档费率 × 风险调整系数 − 境外分支机构在所在国家缴纳的监管费。银行业监管费收入纳入财政预算，由被监管机构直接缴入国库。银监会作为执收机构负责征收和催缴工作，财政部驻各地财政监察专员办事处负责监缴。

银监会自 2004 年起实行中央部门预算，分为基本支出预算和项目支出预算。基本支出预算资金主要用于保证银监会各级机构正常运转和完成日常监管工作任务。项目支出预算资金主要用于完成办公用房租赁及修缮、办公设备购置、电子化建设和稽查办案等特定工作任务。实行部门预算以来，银监会严格执行财政部颁布的《中国银监会　中国证监会　中国保监会财务管理暂行办法》的规定，坚持"高效、节约地使用一切监管资源"的监管标准，按照统筹兼顾、保证重点、以人为本、勤俭办会的原则，合理配置和使用财务预算资金，为监管工作提供了强有力的财务保障。

附录3　部门规章及规范性文件目录（2015年）

2015年，银监会以"中国银监会令"的形式，印发部门规章10件

2015年第1号	商业银行杠杆率管理办法（修订），2015年1月30日。
2015年第2号	中国银监会中资商业银行行政许可事项实施办法，2015年6月5日。
2015年第3号	中国银监会农村中小金融机构行政许可事项实施办法，2015年6月5日。
2015年第4号	中国银监会外资银行行政许可事项实施办法，2015年6月5日。
2015年第5号	中国银监会信托公司行政许可事项实施办法，2015年6月5日。
2015年第6号	中国银监会非银行金融机构行政许可事项实施办法，2015年6月5日。
2015年第7号	中华人民共和国外资银行管理条例实施细则，2015年7月1日。
2015年第8号	中国银监会行政处罚办法，2015年7月9日。
2015年第9号	商业银行流动性风险管理办法（试行），2015年9月2日。
2015年第10号	中国银监会现场检查暂行办法，2015年12月10日。

2015年印发的部分规范性文件目录

银监发〔2015〕2号	中国银监会　国家发展和改革委员会关于印发能效信贷指引的通知，2015年1月16日。
银监办发〔2015〕17号	中国银监会办公厅关于开展打击银行卡非法买卖专项行动有关事项的通知，2015年1月23日。
银监发〔2015〕5号	中国银监会关于印发《商业银行并购贷款风险管理指引》的通知，2015年2月10日。
银监办发〔2015〕30号	中国银监会办公厅关于做好2015年农村金融服务工作的通知，2015年2月16日。
银监办发〔2015〕31号	中国银监会办公厅关于外资银行在银行间债券市场投资和交易企业债券有关事项的通知，2015年2月17日。
银监办发〔2015〕32号	中国银监会办公厅关于做好信托业保障基金筹集和管理等有关具体事项的通知，2015年2月25日。

银监发〔2015〕8 号	中国银监会关于 2015 年小微企业金融服务工作的指导意见，2015 年 3 月 3 日。
银监发〔2015〕26 号	中国银监会关于进一步开展银行不规范服务收费清理工作的通知，2015 年 6 月 1 日。
银监办发〔2015〕97 号	中国银监会办公厅关于加强银行业金融机构内控管理　有效防范柜面业务操作风险的通知，2015 年 6 月 2 日。
银监发〔2015〕38 号	中国银监会关于进一步落实小微企业金融服务监管政策的通知，2015 年 6 月 23 日。
银监办发〔2015〕108 号	中国银监会办公厅关于银行业信贷资产流转集中登记的通知，2015 年 6 月 25 日。
银监办发〔2015〕112 号	中国银监会办公厅关于稳步发展消费金融公司的通知，2015 年 7 月 7 日。
银监办发〔2015〕116 号	中国银监会办公厅关于调整下放金融许可证管理权限的通知，2015 年 7 月 24 日。
银监办发〔2015〕118 号	中国银监会办公厅关于印发行政许可事项申请材料目录及格式要求的通知，2015 年 7 月 27 日。
银监发〔2015〕43 号	中国银监会　国家发展和改革委员会关于银行业支持重点领域重大工程建设的指导意见，2015 年 8 月 13 日。
银监办发〔2015〕152 号	中国银监会办公厅关于印发简政放权　放管结合优化服务工作方案的通知，2015 年 9 月 28 日。
银监发〔2015〕45 号	中国银监会关于印发行政处罚委员会议事规则的通知，2015 年 10 月 14 日。
银监办发〔2015〕164 号	中国银监会办公厅关于促进邮储银行审慎经营稳健发展的监管意见，2015 年 10 月 30 日。
银监办发〔2015〕171 号	中国银监会办公厅　公安部办公厅关于印发银行业金融机构与公安机关开展涉案账户资金网络查控技术规范的通知，2015 年 11 月 18 日。

银监发〔2015〕49号	中国银监会关于印发邮政储蓄银行代理营业机构管理办法（修订）的通知，2015年11月30日。
银监发〔2015〕52号	中国银监会关于印发商业银行流动性覆盖率信息披露办法的通知，2015年12月17日。
银监发〔2015〕53号	中国银监会关于印发非现场监管暂行办法的通知，2015年12月29日。
银监办发〔2015〕196号	中国银监会办公厅关于进一步做好防范和处置非法集资工作的通知，2015年12月29日。
银发〔2015〕98号	中国人民银行　住房和城乡建设部　中国银行业监督管理委员会关于个人住房贷款政策有关问题的通知，2015年3月30日。
银发〔2015〕221号	中国人民银行　工业和信息化部　公安部　财政部　工商总局　法制办　银监会　证监会　保监会　国家互联网信息办公室关于促进互联网金融健康发展的指导意见，2015年7月18日。
税总发〔2015〕96号	国家税务总局　中国银行业监督管理委员会关于开展"银税互动"助力小微企业发展活动的通知，2015年7月30日。

附录 4 双边监管合作谅解备忘录 和监管合作协议一览表

	机构名称	Overseas Regulators	生效时间
1	澳门金融管理局	Monetary Authority of Macao	2003 年 8 月 22 日
2	香港金融管理局	Hong Kong Monetary Authority	2003 年 8 月 25 日
3	韩国金融监督委员会	Financial Supervisory Commission	2004 年 2 月 3 日
4	新加坡金融管理局	Monetary Authority of Singapore	2004 年 5 月 14 日
5-1	美联储 / 美国货币监理署 / 美国联邦存款保险公司 /	Board of Governors of the Federal Reserve System (FED)/ Office of the Comptroller of the Currency (OCC) / Federal Deposit Insurance Corporation (FDIC)/	2004 年 6 月 17 日
5-2	美国加利福尼亚州金融厅	California Department of Financial Institutions	2007 年 11 月 6 日
5-3	美国纽约州银行厅	New York State Banking Department	2009 年 5 月 7 日
6	加拿大金融机构监管署	Office of the Superintendent of Financial Institutions Canada	2004 年 8 月 13 日
7	吉尔吉斯斯坦共和国国家银行	National Bank of the Kyrgyz Republic	2004 年 9 月 21 日
8	巴基斯坦国家银行	State Bank of Pakistan	2004 年 10 月 15 日
9	德国联邦金融监理署	Federal Financial Supervisory Authority (BaFin)	2004 年 12 月 6 日
10	波兰共和国银行监督委员会	Commission for Banking Supervision of the Republic of Poland	2005 年 2 月 27 日
11	法兰西共和国银行委员会	Commission Bancaire	2005 年 3 月 24 日
12	澳大利亚审慎监管署	Australian Prudential Regulation Authority	2005 年 5 月 23 日
13	意大利中央银行	Banca d' Italia	2005 年 10 月 17 日
14	菲律宾中央银行	Bangko Sentralng Pilipinas	2005 年 10 月 18 日
15	俄罗斯联邦中央银行	Central Bank of the Russian Federation	2005 年 11 月 3 日
16	匈牙利金融监管局	Hungarian Financial Supervisory Authority	2005 年 11 月 21 日
17	西班牙中央银行	Banco de Espana	2006 年 4 月 10 日
18	泽西岛金融服务委员会	Jersey Financial Services Commission	2006 年 4 月 27 日
19	土耳其银行监理署	Banking Regulation and Supervision Agency of Turkey	2006 年 7 月 11 日
20	泰国中央银行	Bank of Thailand	2006 年 9 月 18 日

（续表）

	机构名称	Overseas Regulators	生效时间
21	乌克兰中央银行	National Bank of Ukraine	2007 年 1 月 30 日
22	白俄罗斯国家银行	National Bank of the Republic of Belarus	2007 年 4 月 23 日
23	卡塔尔金融中心监管局	Qatar Financial Centre Regulatory Authority	2007 年 5 月 11 日
24	冰岛金融监管局	Icelandic Financial Supervisory Authority	2007 年 6 月 11 日
25	迪拜金融服务局	Dubai Financial Services Authority	2007 年 9 月 24 日
26	瑞士联邦银行委员会	Swiss Federal Banking Commission	2007 年 9 月 29 日
27	荷兰中央银行	De Nederlandsche Bank	2007 年 12 月 25 日
28	卢森堡金融监管委员会	Commission de Surveillance du Secteur Financier Luxemburg	2008 年 2 月 1 日
29	越南国家银行	State Bank of Vietnam	2008 年 5 月 5 日
30	比利时金融监管委员会	Banking, Finance and Insurance Commission of Belgium	2008 年 9 月 25 日
31	爱尔兰金融服务监管局	Irish Financial Services Regulatory Authority	2008 年 10 月 23 日
32	尼日利亚中央银行	Central Bank of Nigeria	2009 年 2 月 6 日
33	马来西亚中央银行	Bank Negara Malaysia	2009 年 11 月 11 日
34	台湾方面金融监督管理机构	Financial Supervisory Commission of Chinese Taipei	2009 年 11 月 16 日
35	捷克中央银行	The Czech National Bank	2010 年 1 月 5 日
36	马耳他金融服务局	The Malta Financial Services Authority	2010 年 2 月 2 日
37-1	印度尼西亚中央银行	Bank of Indonesia	2010 年 7 月 15 日
37-2	印度尼西亚金融服务局	Otoritas Jasa Keuangan Republic of Indonesia	2015 年 6 月 4 日
38	南非储备银行	The Bank Supervision Department of the South African Reserve Bank	2010 年 11 月 17 日
39	塔吉克斯坦国家银行	National Bank of Tajikistan	2010 年 11 月 25 日
40	印度储备银行	Reserve Bank of India	2010 年 12 月 16 日
41	古巴中央银行	Central Bank of Cuba	2011 年 6 月 5 日
42	智利银行和金融机构监理署	The Superintendency of Banks and Financial Institutions of Chile	2011 年 6 月 9 日
43	阿联酋中央银行	The Central Bank of the United Arab Emirates	2011 年 7 月 13 日
44	塞浦路斯中央银行	The Central Bank of Cyprus	2011 年 7 月 15 日
45	阿根廷中央银行金融交易机构监管署	The Central Bank of Argentina (The Superintendence of Financial and Exchange Entities)	2011 年 10 月 5 日

（续表）

	机构名称	Overseas Regulators	生效时间
46	耿西金融服务委员会	Guernsey Financial Services Commission	2011 年 11 月 15 日
47	巴西中央银行	Banco Central do Brasil	2012 年 6 月 21 日
48	柬埔寨国家银行	National Bank of Cambodia	2013 年 4 月 8 日
49	马恩岛金融监管委员会	The Financial Supervision Commission of the Isle of Man	2013 年 4 月 15 日
50	赞比亚中央银行	Bank of Zambia	2013 年 4 月 25 日
51	乌拉圭中央银行金融服务监管署	Superintendencia de Servicios Financieros del Banco Central del Uruguay	2013 年 5 月 27 日
52	以色列银行	The Supervisor of Banks at the Bank of Israel	2013 年 5 月 27 日
53	巴林中央银行	The Central Bank of Bahrain	2013 年 9 月 16 日
54	哈萨克斯坦国家银行	The National Bank of Kazakhstan	2013 年 9 月 25 日
55	加纳中央银行	Bank of Ghana	2014 年 6 月 9 日
56	瑞典金融监管局	Finansinspektionen (Swedish Financial Supervisory Authority)	2014 年 6 月 25 日
57	蒙古中央银行	The Bank of Mongolia	2014 年 8 月 21 日
58	秘鲁银行保险基金监管局	The Superintendence of Banking, Insurances and Private Pension Fund Administrators of Peru	2014 年 10 月 10 日
59	卡塔尔中央银行	Qatar Central Bank	2014 年 11 月 3 日
60	新西兰储备银行	The Reserve Bank of New Zealand	2015 年 1 月 21 日
61	科威特中央银行	Central Bank of Kuwait	2015 年 3 月 28 日
62	立陶宛中央银行	The Bank of Lithuania	2015 年 6 月 12 日
63	英国审慎监管局	Prudential Regulation Authority	2015 年 10 月 21 日

附录 5　监管大事记（2015 年）

1 月 15 日　　处置非法集资部际联席会议联络员会议召开。

1 月 16 日　　与发展改革委联合印发《能效信贷指引》，鼓励和指导银行业金融机构积极
　　　　　　　开展能效信贷业务，支持产业结构调整和企业技术改造升级。

1 月 21 日　　银监会与新西兰储备银行签署《双边监管合作谅解备忘录》。

1 月 22 日　　银监会召开系统党风廉政建设暨纪检监察工作（电视电话）会议。

1 月 23 日　　印发《关于开展打击银行卡非法买卖专项行动有关事项的通知》，促进银行
　　　　　　　业金融机构规范银行卡申领程序，强化银行卡账户相关金融信息管理。

1 月 30 日　　修订并印发《商业银行杠杆率管理办法》，进一步完善杠杆率监管政策框架，
　　　　　　　对商业银行的杠杆率披露提出更明确、更严格的要求。

1 月 30 日　　中国小额贷款公司协会成立大会在北京召开。该协会是由小贷机构和地方行
　　　　　　　业自律组织自愿结成的全国性行业自律组织。

2 月 10 日　　银监会召开 2015 年系统法治工作（电视电话）会议暨监管法规培训班，提
　　　　　　　出全面推进银行业法治建设的思路和方向。

2 月 10 日　　修订并印发《商业银行并购贷款风险管理指引》，适当放宽并购贷款的期限、
　　　　　　　比例和担保等条件，引导银行支持化解产能过剩，助力技术升级，促进企业"走
　　　　　　　出去"。

2 月 16 日　　银监会批复国家开发银行和中国进出口银行在南疆地区筹建二级分行喀什分
　　　　　　　行，加大对新疆特别是南疆地区的金融支持力度。

2 月 16 日　　印发《关于做好 2015 年农村金融服务工作的通知》，指导银行业金融机构
　　　　　　　加强农村金融服务，大力支持农业现代化建设。

2 月 17 日　　印发《关于外资银行在银行间债券市场投资和交易企业债券有关事项
　　　　　　　的通知》。

2 月 25 日　　印发《关于做好信托业保障基金筹集和管理等有关具体事项的通知》。

3月3日	印发《关于 2015 年小微企业金融服务工作的指导意见》，提出小微企业贷款"三个不低于"目标，要求银行业金融机构强化支农服务责任，深入推进体制机制改革，持续改善农村金融服务，大力支持农业现代化建设。
3月9日、6月8日	银监会派员赴瑞士巴塞尔出席巴塞尔银行监督管理委员会第 155、156 次全体会议。
3月15—18日	首次中德高级别财金对话在德国柏林举行。
3月19—20日	银监会国际咨询委员会第十二次会议在北京召开。
3月24—31日	银监会主席尚福林出访德国、科威特、阿联酋，出席在德国法兰克福举行的金融稳定理事会（FSB）全体会议和新兴市场经济体论坛，并分别与科威特中央银行和迪拜金融服务局进行高层工作磋商。
3月25日	银监会召开"两个加强、两个遏制"专项检查督查动员（电视电话）会议。
3月28日	银监会与科威特中央银行签署《双边银行业监管合作换文》。
3月30日	与人民银行、住房和城乡建设部联合印发《关于个人住房贷款政策有关问题的通知》，进一步完善个人住房信贷政策，支持居民自住和改善性住房需求。
4月16日	第八次中美银行业监管磋商会议在美国举行。
4月24日	2015 年处置非法集资部际联席会议召开。
5月4日	银监会召开 2015 年第一季度经济金融形势分析（电视电话）会。
5月7日	银监会、团中央联合召开会议部署选派银行业金融机构优秀青年干部赴县乡基层团组织挂职工作。
5月18日	银监会主席尚福林会见捷克国家银行行长英格(Miroslav Singer)先生一行。
5月31日—6月1日	全国企业集团财务公司 2015 年年会在长春召开。
6月1日	印发《关于进一步开展银行不规范服务收费清理工作的通知》，在全国范围内组织银行业金融机构开展专项清理工作。
6月2日	银监会主席尚福林会见美联储理事杰罗姆·鲍威尔（Jerome Powell）及旧金山联储行长约翰·威廉姆斯（John Williams）。

6月2日　　　　　印发《关于加强银行业金融机构内控管理　有效防范柜面业务操作风险的通知》，进一步推动银行业金融机构规范运营，切实加强柜面业务操作风险防控。

6月4日　　　　　银监会与印度尼西亚金融服务局签署《双边监管合作谅解备忘录》。

6月5日　　　　　修订并印发《中资商业银行行政许可事项实施办法》《农村中小金融机构行政许可事项实施办法》《外资银行行政许可事项实施办法》和《非银行金融机构行政许可事项实施办法》，印发《信托公司行政许可事项实施办法》，进一步落实简政放权要求，加强事中事后监管。

6月12日　　　　银监会与立陶宛中央银行签署《双边监管合作谅解备忘录》并举行双边监管会谈。

6月22日　　　　国务院办公厅转发银监会《关于促进民营银行发展的指导意见》，进一步鼓励和引导民间资本进入银行业，促进民营银行持续健康发展。

6月22—24日　　第七轮中美战略与经济对话在美国华盛顿举行。

6月23日　　　　印发《进一步落实小微企业金融服务监管政策的通知》，在续贷、不良容忍度、尽职免责等方面深化监管政策创新。

6月25日　　　　印发《关于银行业信贷资产流转集中登记的通知》，推进信贷资产流转业务规范化、阳光化发展，更好地盘活信贷资产存量。

6月26日　　　　银监会主席尚福林出席国务院新闻发布会，介绍民间资本进入银行业情况和第一批民营银行试点成效，解读下一步促进民营银行发展政策举措，并回答记者提问。

6月30日　　　　银监会召开系统现场检查工作（电视电话）会议。

7月1日　　　　　修订并印发《中华人民共和国外资银行管理条例实施细则》，在加强监管前提下为外资银行的设立运营提供更加便利的政策环境。

7月1日　　　　　银监会召开全国"送金融知识下乡"工作推进会议。

7月7日　　　　　印发《关于稳步发展消费金融公司的通知》，将消费金融公司试点由16个城市推广至全国。

7月9日　　　　　修订并印发《中国银监会行政处罚办法》，贯彻落实法治原则和精神，强调依法严格监管，推动银行业金融机构依法合规经营。

7 月 18 日	与人民银行、工业和信息化部、公安部、财政部、工商总局、法制办、证监会、保监会、国家互联网信息办公室联合印发《关于促进互联网金融健康发展的指导意见》，明确互联网金融监管责任，规范市场秩序，推进互联网金融健康发展。
7 月 24 日、9 月 28 日	分别印发《关于调整下放金融许可证管理权限的通知》和《关于印发简政放权放管结合优化服务工作方案的通知》，调整下放部分银行业金融机构许可证管理权限，积极推行转变政府职能。
7 月 27 日	印发《关于印发行政许可事项申请材料目录及格式要求的通知》。
7 月 30 日	与国家税务总局联合印发《关于开展"银税互动"助力小微企业发展活动的通知》，在全国范围内建立银税合作机制，支持小微企业发展。
7 月 31 日	银监会召开 2015 年上半年全国银行业监督管理工作暨经济金融形势分析会议，研究分析当前银行业改革、发展和监管面临的形势，部署下半年工作任务，要求着力防控金融风险，强化银行业改革创新，进一步提升实体经济服务质效。
8 月 13 日	《国务院关于促进融资担保行业加快发展的意见》公布，明确了通过促进融资担保行业加快发展，支持小微企业和"三农"发展的指导思想，提出了小微企业和"三农"融资担保在保户数占比 5 年内达到不低于 60％等发展目标。
8 月 13 日	与发展改革委联合印发《关于银行业支持重点领域重大工程建设的指导意见》，引导银行业金融机构完善工作机制和信贷政策，加强信贷管理和金融创新，发挥对重点领域重大工程项目建设的支持作用，全面做好国家重大战略部署的金融服务工作。
8 月 31 日	银监会主席尚福林会见瑞士金融市场监督管理局 (FINMA) 主席拉查特（Anne Heritier Lachat）女士。
9 月 2 日	修订并印发《商业银行流动性风险管理办法（试行）》，将存贷比由监管指标调整为监测指标。
9 月 6 日	银监会党委召开会议深入学习《中国共产党巡视条例》。
9 月 7 日	银监会主席尚福林会见毛里求斯中央银行行长罗伊（Rameswurlall Basant Roi) 先生一行。

9 月 8 日	《国务院办公厅关于促进金融租赁行业健康发展的指导意见》公布，提出加快金融租赁行业发展、发挥产融协作优势、提升金融租赁服务水平等意见。
9 月 10 日	中国工商银行、中国农业银行、中国银行跨境危机管理工作组会议召开。
9 月 11 日	银监会主席尚福林会见英格兰银行行长兼金融稳定理事会主席马克·卡尼（Mark Carney）。
9 月 14 日	第五次两岸银行业监管磋商会议在台湾召开。
9 月 14 日	银监会召开"两个加强、两个遏制"专项检查"回头看"工作动员（电视电话）会议。
9 月 18 日	银监会主席尚福林会见迪拜金融服务局主席萨博·艾格纳（Saeb Eigner）一行。
9 月 18 日	第三次中法高级别经济财金对话在北京举行。
9 月 18—19 日	中国普惠金融国际论坛在北京召开。
9 月 21 日	第七次中英经济财金对话在北京举行。
9 月 22—23 日	2015 年城市商业银行年会在合肥召开。
9 月 28 日	中央金融团工委、全国金融青联和中国青少年发展基金会在北京联合启动全国"积分圆梦"公益行动。
10 月 14 日	印发《关于印发行政处罚委员会议事规则的通知》。
10 月 15—16 日	银监会和香港金融管理局联合在北京举办香港银行非执行董事高级研修班。
10 月 19—22 日	银监会主席尚福林出访英国、波兰，分别与英国审慎监管局和波兰金融监管局举行高层工作磋商。
10 月 21 日	银监会与英国审慎监管局签署《双边监管合作谅解备忘录》。
10 月 23 日	银监会召开 2015 年全国银行业小微企业金融服务评优表彰暨工作推动（电视电话）会议。
10 月 30 日	印发《关于促进邮储银行审慎经营稳健发展的监管意见》，推动邮政储蓄银行加快建立现代商业银行体制机制，全面提升经营水平和风险管控能力。
11 月 3 日	中央第十二巡视组巡视银监会工作动员会召开。

11 月 6 日	银监会与香港金管局第二十二次双边磋商会议在北京举行。
11 月 13 日	《国务院办公厅关于加强金融消费者权益保护工作的指导意见》公布,进一步规范和引导金融机构提供金融产品和服务的行为,加强金融消费者权益保护工作。
11 月 18 日	与公安部联合印发《关于印发银行业金融机构与公安机关开展涉案账户资金网络查控技术规范的通知》,加快推进涉案账户资金网络查控机制建设,依法规范网络查控工作。
11 月 23 日	银监会主席尚福林会见欧洲央行管理委员会委员、立陶宛中央银行行长瓦西里奥斯卡斯(Vitas Vasiliauskas)一行。
11 月 23 日	银监会党委召开会议深入学习党的十八届五中全会精神。
11 月 24 日	第八次中新双边监管磋商会议在北京举行。
11 月 30 日	印发《关于印发邮政储蓄银行代理营业机构管理办法(修订)的通知》,进一步规范邮政储蓄银行代理营业机构代理行为。
12 月 2 日	银监会召开系统违纪案例警示教育会,深入学习新修订的《中国共产党廉洁自律准则》和《中国共产党纪律处分条例》。
12 月 3 日	银监会党委召开会议,传达学习中央扶贫开发工作会议重要精神,研究和审定银监会贯彻落实的具体措施。
12 月 9 日	银监会主席尚福林会见香港特别行政区政府财政司司长曾俊华先生一行。
12 月 10 日	银监会和英国审慎监管局第一次监管磋商会议在北京举行。
12 月 10 日	印发《中国银监会现场检查暂行办法》,要求进一步提升系统现场检查执法水平,加大违法惩戒力度。
12 月 16 日	银监会与吉尔吉斯斯坦共和国国家银行签署《跨境危机管理合作协议》。
12 月 17 日	印发《关于印发商业银行流动性覆盖率信息披露办法的通知》,强化市场约束,提高商业银行流动性风险管理水平。
12 月 22 日	银监会召开党委会议传达学习中央经济工作会议和中央城市工作会议精神。
12 月 29 日	印发《关于印发非现场监管暂行办法的通知》,进一步规范非现场监管的程序、报告路径和方法,提高非现场监管的工作质量和效率。

12 月 29 日　　　印发《关于进一步做好防范和处置非法集资工作的通知》，要求加强资金监测，切实防范非法集资风险向银行业传递。

12 月 31 日　　　《国务院关于印发推进普惠金融发展规划（2016—2020 年）的通知》公布，确立推进普惠金融发展的指导思想、基本原则和发展目标，从普惠金融服务机构、产品创新、基础设施、法律法规和教育宣传等方面提出政策措施和保障手段，对推进普惠金融实施、加强领导协调、试点示范工程等作出安排。

附录 6   主要名词术语解释

机构类型 / 名称	文中释义	统计口径
银行业金融机构	包括政策性银行、大型商业银行、股份制商业银行、城市商业银行、农村合作金融机构、邮政储蓄银行、金融资产管理公司、外资银行、民营银行、中德住房储蓄银行、非银行金融机构、新型农村金融机构及其他类金融机构	包括政策性银行、大型商业银行、股份制商业银行、城市商业银行、农村合作金融机构、邮政储蓄银行、外资银行、民营银行、中德住房储蓄银行、非银行金融机构、新型农村金融机构（不含信托业保障基金公司）
政策性银行	包括国家开发银行、中国进出口银行和中国农业发展银行	（同左栏）
商业银行	包括大型商业银行、股份制商业银行、城市商业银行、农村商业银行、外资银行、民营银行	（同左栏）
主要商业银行	包括大型商业银行和股份制商业银行	（同左栏）
大型商业银行	包括中国工商银行、中国农业银行、中国银行、中国建设银行和交通银行	（同左栏）
中小商业银行	包括股份制商业银行、城市商业银行	（同左栏）
股份制商业银行	包括中信银行、中国光大银行、华夏银行、广发银行、平安银行、招商银行、上海浦东发展银行、兴业银行、中国民生银行、恒丰银行、浙商银行和渤海银行	（同左栏）
金融资产管理公司	包括中国华融资产管理股份有限公司、中国长城资产管理公司、中国东方资产管理公司和中国信达资产管理股份有限公司	（同左栏）
非银行金融机构	包括信托公司、企业集团财务公司、金融租赁公司、货币经纪公司、汽车金融公司和消费金融公司	（同左栏）
农村中小金融机构	包括农村合作金融机构和新型农村金融机构	（无）
农村合作金融机构	包括农村信用社、农村合作银行和农村商业银行	（同左栏）
新型农村金融机构	包括村镇银行、贷款公司和农村资金互助社	（同左栏）

银监会系统职工摄影作品

银监会系统职工摄影作品

第十二部分

CBRC
Annual Report
2015

附　表

附表 1 银行业金融机构总资产情况表（2003—2015 年）

单位：亿元

机构/年份	2003年	2004年	2005年	2006年	2007年	2008年	2009年	2010年	2011年	2012年	2013年	2014年	2015年
银行业金融机构	276,584	315,990	374,697	439,500	531,160	631,515	795,146	953,053	1,132,873	1,336,224	1,513,547	1,723,355	1,993,454
政策性银行及国家开发银行	21,247	24,123	29,283	34,732	42,781	56,454	69,456	76,521	93,133	112,174	125,278	156,140	192,847
大型商业银行	160,512	179,817	210,050	242,364	285,000	325,751	407,998	468,943	536,336	600,401	656,005	710,141	781,630
股份制商业银行	29,599	36,476	44,655	54,446	72,742	88,337	118,181	149,037	183,794	235,271	269,361	313,801	369,880
城市商业银行	14,622	17,056	20,367	25,938	33,405	41,320	56,800	78,526	99,845	123,469	151,778	180,842	226,802
农村商业银行	385	565	3,029	5,038	6,097	9,291	18,661	27,670	42,527	62,751	85,218	115,273	152,342
农村合作银行	—	—	2,750	4,654	6,460	10,033	12,791	15,002	14,025	12,835	12,322	9,570	7,625
城市信用社	1,468	1,787	2,033	1,831	1,312	804	272	22	30	—	—	—	—
农村信用社	26,509	30,767	31,427	34,503	43,434	52,113	54,945	63,911	72,047	79,535	85,951	88,312	86,541
非银行金融机构	9,100	8,727	10,162	10,594	9,717	11,802	15,504	20,896	26,067	32,299	39,681	50,123	64,883
外资银行	4,160	5,823	7,155	9,279	12,525	13,448	13,492	17,423	21,535	23,804	25,628	27,921	26,808
新型农村金融机构和邮政储蓄银行	8,984	10,850	13,787	16,122	17,687	22,163	27,045	35,101	43,536	53,511	62,110	70,981	83,024

注：2003—2006 年为境内合计，2007—2015 年为法人合计。

附表 2　银行业金融机构总负债情况表（2003—2015 年）

单位：亿元

机构／年份	2003年	2004年	2005年	2006年	2007年	2008年	2009年	2010年	2011年	2012年	2013年	2014年	2015年
银行业金融机构	265,945	303,253	358,070	417,106	500,763	593,614	750,706	894,731	1,060,779	1,249,515	1,411,830	1,600,222	1,841,401
政策性银行及国家开发银行	20,291	23,005	27,760	33,006	39,203	52,648	65,393	72,159	88,231	106,647	118,966	148,704	178,483
大型商业银行	154,002	172,180	200,453	228,824	269,176	306,142	386,036	440,332	502,591	560,879	611,611	657,135	720,402
股份制商业银行	28,621	35,333	43,320	52,542	69,350	83,924	112,541	140,872	173,000	222,130	253,438	294,641	346,668
城市商业银行	14,123	16,473	19,540	24,723	31,521	38,651	53,213	73,703	93,203	115,395	141,804	168,372	211,321
农村商业银行	380	538	2,873	4,789	5,767	8,756	17,546	25,643	39,208	57,841	78,492	105,954	140,343
农村合作银行	—	—	2,574	4,359	6,050	9,381	11,940	13,887	12,959	11,796	11,232	8,732	6,955
城市信用社	1,464	1,766	2,001	1,781	1,247	757	255	21	24	—	—	—	—
农村信用社	26,646	30,035	30,106	33,005	41,567	49,893	52,601	61,118	68,575	75,521	81,434	83,270	81,379
非银行金融机构	7,683	7,745	9,126	9,424	7,961	9,492	12,649	17,063	21,310	26,194	31,952	40,384	52,657
外资银行	3,751	5,329	6,530	8,532	11,353	12,028	11,818	15,569	19,431	21,249	22,896	24,832	23,298
新型农村金融机构和邮政储蓄银行	8,984	10,850	13,787	16,122	17,568	21,942	26,713	34,365	42,247	51,712	59,812	67,972	78,995

注：2003—2006 年为境内合计，2007—2015 年为法人合计。

附表 3　银行业金融机构所有者权益情况表（2003—2015 年）

单位：亿元

机构／年份	2003 年	2004 年	2005 年	2006 年	2007 年	2008 年	2009 年	2010 年	2011 年	2012 年	2013 年	2014 年	2015 年
银行业金融机构	10,639	12,737	16,627	22,394	30,396	37,900	44,441	58,322	72,094	86,708	101,716	123,132	152,053
政策性银行及国家开发银行	957	1,118	1,523	1,726	3,578	3,806	4,063	4,363	4,902	5,527	6,312	7,436	14,364
大型商业银行	6,509	7,637	9,597	13,540	15,824	19,608	21,962	28,611	33,745	39,522	44,394	53,006	61,228
股份制商业银行	977	1,143	1,335	1,904	3,392	4,414	5,640	8,166	10,794	13,142	15,922	19,161	23,212
城市商业银行	499	584	827	1,215	1,883	2,669	3,587	4,822	6,641	8,075	9,974	12,470	15,481
农村商业银行	5	27	156	249	330	534	1,115	2,026	3,320	4,910	6,726	9,318	12,000
农村合作银行	—	—	177	295	410	653	851	1,115	1,066	1,039	1,090	838	670
城市信用社	4	20	32	50	64	47	17	2	5	—	—	—	—
农村信用社	-137	732	1,320	1,497	1,867	2,220	2,344	2,793	3,471	4,014	4,517	5,042	5,162
非银行金融机构	1,417	982	1,036	1,170	1,756	2,310	2,855	3,833	4,757	6,105	7,728	9,738	12,226
外资银行	408	494	625	747	1,172	1,420	1,674	1,854	2,104	2,555	2,732	3,089	3,511
新型农村金融机构和邮政储蓄银行	0	0	0	0	120	221	332	736	1,289	1,799	2,297	3,009	4,030

注：2003—2006 年为境内合计，2007—2015 年为法人合计。

附表 4　银行业金融机构存贷款情况表（2003—2015 年）

单位：亿元

项目/年份	2003 年	2004 年	2005 年	2006 年	2007 年	2008 年	2009 年	2010 年	2011 年	2012 年	2013 年	2014 年	2015 年
各项存款	220,364	254,089	300,209	348,065	401,051	478,444	612,006	733,382	826,701	943,102	1,070,588	1,173,735	1,397,752
其中：储蓄存款	110,695	126,196	147,054	166,617	176,213	221,503	264,761	307,166	347,401	403,704	451,827	489,798	487,209
各项贷款	169,771	189,411	206,838	238,519	277,747	320,129	425,597	509,226	581,893	672,875	766,327	867,868	993,460
其中：短期贷款	87,398	90,808	91,157	101,762	118,898	128,609	151,353	171,237	217,480	268,152	311,773	336,371	359,191
中长期贷款	67,252	81,007	92,941	113,173	138,581	164,195	235,579	305,128	333,747	363,894	410,346	471,818	537,833
票据融资	9,234	11,622	16,319	17,333	12,884	19,314	23,879	14,845	15,154	20,447	19,616	29,233	45,838

注：本表数据来源于中国人民银行。自 2015 年起，人民银行调整存贷款统计口径，将非存款类金融机构存放在存款类金融机构的款项纳入 "各项存款" 统计口径；将存款类金融机构拆放给非存款类金融机构的款项纳入 "各项贷款" 统计口径；储蓄存款不再包含个人通知存款、个人协议存款等项目。本表 2015 年数据与上年同期不可比。

附表 5　银行业金融机构税后利润情况表（2007—2015 年）

单位：亿元

机构 / 年份	2007 年	2008 年	2009 年	2010 年	2011 年	2012 年	2013 年	2014 年	2015 年
银行业金融机构	4,467.3	5,833.6	6,684.2	8,990.9	12,518.7	15,115.5	17,444.6	19,277.4	19,738.1
政策性银行及国家开发银行	489.3	229.8	352.5	415.2	536.7	736.3	922.1	1,079.6	1,162.0
大型商业银行	2,466.0	3,542.2	4,001.2	5,151.2	6,646.6	7,545.8	8,382.3	8,897.5	8,925.4
股份制商业银行	564.4	841.4	925.0	1,358.0	2,005.0	2,526.3	2,945.4	3,211.1	3,373.2
城市商业银行	248.1	407.9	496.5	769.8	1,080.9	1,367.6	1,641.4	1,859.5	1,993.6
农村商业银行	42.8	73.2	149.0	279.9	512.2	782.8	1,070.1	1,383.0	1,487.4
农村合作银行	54.5	103.6	134.9	179.0	181.9	172.2	162.1	125.5	82.4
城市信用社	7.7	6.2	1.9	0.1	0.2	—	—	—	—
农村信用社	193.4	219.1	227.9	232.9	531.2	654.0	729.2	829.8	663.7
非银行金融机构	333.8	284.5	298.7	408.0	598.8	825.5	1,059.7	1,265.2	1,437.0
外资银行	60.8	119.2	64.5	77.8	167.3	163.4	140.3	197.2	152.9
新型农村金融机构和邮政储蓄银行	6.5	6.5	32.2	119.0	257.9	340.7	390.3	427.3	465.3

附表 6　银行业金融机构盈利性情况表（2007—2015 年）

单位：百分比

项目 / 年份	2007 年	2008 年	2009 年	2010 年	2011 年	2012 年	2013 年	2014 年	2015 年
银行业金融机构									
资产利润率	0.9	1.0	0.9	1.0	1.2	1.2	1.2	1.2	1.1
资本利润率	16.7	17.1	16.2	17.5	19.2	19.0	18.5	17.1	14.3
其中：商业银行									
资产利润率	0.9	1.1	1.0	1.1	1.3	1.3	1.3	1.2	1.1
资本利润率	16.7	19.5	18.0	19.2	20.4	19.8	19.2	17.6	15.0

附表 7 银行业金融机构不良贷款情况表（2010—2015 年）

单位：亿元、百分比

机构 / 年份	2010 年	2011 年	2012 年	2013 年	2014 年	2015 年
不良贷款余额	12,437.0	10,533.4	10,746.3	11,762.7	14,334.7	19,624.4
次级	5,852.5	4,784.3	5,270.6	5,649.4	7,295.2	9,678.1
可疑	4,967.8	4,400.9	4,386.7	4,899.4	5,639.3	7,987.9
损失	1,616.7	1,348.1	1,089.0	1,213.9	1,400.2	1,958.4
不良贷款率	2.4	1.8	1.6	1.5	1.6	1.9
次级	1.1	0.8	0.8	0.7	0.8	1.0
可疑	1.0	0.7	0.6	0.6	0.6	0.8
损失	0.3	0.2	0.2	0.2	0.2	0.2

附表 8 银行业金融机构流动性比例情况表（2007—2015 年）

单位：百分比

机构 / 年份	2007 年	2008 年	2009 年	2010 年	2011 年	2012 年	2013 年	2014 年	2015 年
银行业金融机构	40.3	49.8	45.7	43.7	44.7	47.8	46.0	48.4	49.3
其中：商业银行	37.7	46.1	42.4	42.2	43.2	45.8	44.0	46.4	48.0

附表 9　商业银行不良贷款、拨备覆盖率及准备金情况表 （2007—2015 年）

单位：亿元、百分比

项目 / 年份	2007 年	2008 年	2009 年	2010 年	2011 年	2012 年	2013 年	2014 年	2015 年
不良贷款余额	12,701.9	5,635.4	5,066.8	4,336.0	4,278.7	4,928.5	5,921.3	8,425.6	12,744.2
次级	2,192.3	2,640.0	2,112.0	1,619.3	1,725.2	2,176.2	2,537.8	4,031.0	5,922.8
可疑	4,626.2	2,419.1	2,320.5	2,052.2	1,883.5	2,122.4	2,574.1	3,403.0	5,282.7
损失	5,883.3	576.2	634.3	664.5	670.1	630.0	809.4	991.6	1,538.6
不良贷款率	6.1	2.4	1.6	1.1	1.0	1.0	1.0	1.2	1.7
次级	1.0	1.1	0.7	0.4	0.4	0.4	0.4	0.6	0.8
可疑	2.2	1.0	0.7	0.5	0.4	0.4	0.4	0.5	0.7
损失	2.8	0.2	0.2	0.2	0.2	0.1	0.1	0.1	0.2
各项资产减值准备金	6,029.6	7,801.4	8,750.5	10,308.1	12,677.1	15,307.9	17,551.1	20,686.5	24,680.0
拨备覆盖率	41.4	116.6	153.2	217.7	278.1	295.5	282.7	232.1	181.2

附表 10　商业银行不良贷款分机构情况表（2015 年）

单位：亿元、百分比

项目 / 机构	商业银行合计	大型商业银行	股份制商业银行	城市商业银行	农村商业银行	外资银行
不良贷款余额	12,744.2	7,001.9	2,536.4	1,212.9	1,862.5	130.3
次级	5,922.8	3,006.1	1,367.5	645.3	878.0	25.8
可疑	5,282.7	3,157.5	754.5	385.3	913.7	71.7
损失	1,538.6	838.3	414.5	182.2	70.8	32.8
不良贷款率	1.7	1.7	1.5	1.4	2.5	1.2
次级	0.8	0.7	0.8	0.7	1.2	0.2
可疑	0.7	0.7	0.5	0.4	1.2	0.6
损失	0.2	0.2	0.3	0.2	0.1	0.3

附表 11　商业银行不良贷款分行业情况表（2015 年）

单位：亿元、百分比

行业／项目	不良贷款余额	不良贷款率
A 农、林、牧、渔业	636.5	3.54
B 采矿业	438.6	2.33
C 制造业	4,298.2	3.35
D 电力、热力、燃气及水的生产和供应业	117.2	0.37
E 建筑业	458.5	1.39
F 批发和零售业	3,997.7	4.25
G 交通运输、仓储和邮政业	335.1	0.58
H 住宿和餐饮业	169.6	2.26
I 信息传输、软件和信息技术服务业	41.8	1.06
J 金融业	13.2	0.19
K 房地产业	455.9	0.81
L 租赁和商务服务业	212.1	0.53
M 科学研究和技术服务	12.6	0.80
N 水利、环境和公共设施管理业	30.6	0.12
O 居民服务、修理和其他服务业	78.2	2.07
P 教育	14.6	0.46
Q 卫生和社会工作	4.0	0.12
R 文化、体育和娱乐业	22.1	0.82
S 公共管理、社会保障和社会组织	5.6	0.20
T 国际组织	0.0	0.00
个人贷款（不含个人经营性贷款）	1,372.2	0.79
信用卡	583.0	1.84
汽车	29.4	2.15
住房按揭贷款	482.7	0.39
其他	277.0	1.59

附表 12 商业银行不良贷款分地区情况表（2015 年）

单位：亿元、百分比

地区 / 项目	不良贷款余额	不良贷款率
总行	605.9	1.88
东部地区	7,463.0	1.68
北京	366.3	0.84
天津	304.0	1.60
河北	272.3	1.18
辽宁	444.3	1.64
上海	397.3	1.01
江苏	1,104.4	1.55
浙江	1,600.7	2.50
福建	719.2	2.77
山东	1,081.1	2.32
广东	1,151.5	1.43
海南	21.9	0.69
中部地区	2,170.0	1.75
山西	315.1	2.34
吉林	140.2	1.47
黑龙江	138.5	1.72
安徽	362.3	1.86
江西	268.3	2.08
河南	316.8	1.48
湖北	341.2	1.58
湖南	287.6	1.67
西部地区	2,485.5	1.87
重庆	180.3	0.99
四川	573.4	2.00
贵州	165.6	1.60
云南	273.6	2.18
西藏	4.3	0.23
陕西	319.7	1.99
甘肃	85.8	1.13
青海	57.4	1.90
宁夏	54.5	1.58
新疆	83.0	1.00
广西	246.9	2.18
内蒙古	441.1	3.97
境内小计	12,724.4	1.74
境外分行	19.7	0.07

附表 13　商业银行资本充足率情况表（2010—2015 年）

单位：亿元、百分比

项目 / 年份	2010 年	2011 年	2012 年	项目 / 年份	2013 年	2014 年	2015 年
				核心一级资本净额	75,793.2	90,738.6	106,268.3
核心资本	42,985.1	53,366.6	64,340.1	一级资本净额	75,793.2	92,480.8	110,109.4
附属资本	10,294.5	14,417.6	17,585.1	资本净额	92,856.1	113,269.3	131,030.1
资本扣减项	3,196.4	3,735.4	4,057.1	信用风险加权资产	696,582.6	763,911.1	884,711.6
表内加权风险资产	355,371.1	431,420.7	506,604.1	市场风险加权资产	6,066.5	6,845.4	8,613.1
表外加权风险资产	53,233.7	68,819.0	76,108.0	操作风险加权资产	59,124.0	68,193.5	77,226.1
市场风险资本	273.3	296.3	388.4	核心一级资本充足率	9.9	10.6	10.9
资本充足率	12.2	12.7	13.3	一级资本充足率	9.9	10.8	11.3
核心资本充足率	10.1	10.2	10.6	资本充足率	12.2	13.2	13.5

注：我国自 2013 年 1 月 1 日起施行《商业银行资本管理办法（试行）》（以下简称"《新办法》"），原《商业银行资本充足率管理办法》同时废止，因此，自 2013 年第一季度起，表中披露的资本充足率相关指标调整为按照《新办法》计算的数据结果。

附表 14　现场检查情况表（2003—2014 年）

单位：亿元、家、人、百分比

项目 / 年份	2003 年	2004 年	2005 年	2006 年	2007 年	2008 年	2009 年	2010 年	2011 年	2012 年	2013 年	2014 年
查处违规金额	1,768	5,840	7,671	10,147	8,555	12,883	11,514	15,370	12,634	11,565	23,165	51,001
处罚违规银行业金融机构	1,512	2,202	1,205	1,104	1,360	873	4,212	2,312	1,977	1,553	1,341	2,157
取消高管人员任职资格	257	244	325	243	177	78	86	49	66	55	38	22
现场检查平均机构覆盖率	28	36	34	35	42	24	30	27	19	20	16	15

注：本表含分支机构数据。

附表 15 现场检查情况表（2015 年）

单位：万家、亿元、人、项、万人

项目 / 年份	2015 年
累计检查金融机构	2.8
对机构罚没总金额	5.3
取消高管人员任职资格	68
采取审慎监管措施	3,207
责成被查机构处理人员	5.6

注：银监会现场检查局成立后，根据《银行业监督管理法》和《中国银监会行政处罚办法》的有关规定，对原现场检查相关统计指标进行了调整和优化。因此，本表披露的指标和数据均相应地进行了调整。

附表 16　银行业金融机构法人机构和从业人员情况表
（截至 2015 年底）

单位：人、家

机构 / 项目	从业人员数	法人机构数
大型商业银行	1,730,291	5
政策性银行及国家开发银行	62,947	3
股份制商业银行	402,432	12
城市商业银行	370,124	133
民营银行	1,562	5
农村信用社	369,369	1,373
农村商业银行	464,055	859
农村合作银行	25,824	71
企业集团财务公司	10,955	224
信托公司	18,268	68
金融租赁公司	3,958	47
汽车金融公司	6,464	25
货币经纪公司	755	5
消费金融公司	28,493	12
资产管理公司	8,083	4
外资金融机构	46,730	40
其他机构[①]	253,160	1,375
银行业金融机构合计	3,803,470	4,261

①其他机构包括新型农村金融机构、邮政储蓄银行和中德住房储蓄银行。

注：中国信托业保障基金公司相关统计数据暂未列入本年报统计口径。

本年报主编：杨家才

执 行 编 辑：杨东宁、尹小贝、胡美军、王飞、甘煜、吴为、毛竹青、贾晶磊、李翰阳、张京、程庚黎、
李棣、李星昊、董夙、郝丽、杨诗宇、张传生、王希

英 文 校 译：张利星、卢巍、吴婕、张璐、潘韵、朱玲

参 写 人 员：薛飞、郑金宇、贺坤、姚戈、王水望、王云、蒋则沈、侯妍妍、张麒、张蕾、陈少斐、
喻宁、王了、张坤、王墨烜、袁苏婷、杨振能、巩亚春、卢梦、张小霞、郑妍、甘志、
刘现春、吴智慧、郭肖科、刘英焕、代珂

插页图片及照片均为银监会系统职工摄影作品，由车悦、陈璐、丁鹿、李星昊、单继进、苏薪茗、
王雅洁、王振元、向巴泽西、玉明海、杨诗宇、张京（按姓氏拼音排序）等同志友情提供。特此鸣谢。